点亮心灯

——内观疗法及案例评析

（第二版）

编著◎何蕊芳　李忠义

主审◎王祖承

顾问◎真荣城辉明　榛木美惠子

蘭州大學出版社
LANZHOU UNIVERSITY PRESS

图书在版编目（CIP）数据

点亮心灯 : 内观疗法及案例评析 / 何蕊芳, 李忠义编著. -- 2版. -- 兰州 : 兰州大学出版社, 2021.8
ISBN 978-7-311-06038-1

Ⅰ. ①点… Ⅱ. ①何… ②李… Ⅲ. ①精神疗法－案例 Ⅳ. ①R749.055

中国版本图书馆CIP数据核字(2021)第152780号

策划编辑　陈红升
责任编辑　刘爱华　王　军
封面设计　管军伟

书　　名　点亮心灯——内观疗法及案例评析(第二版)
作　　者　何蕊芳　李忠义　编著
出版发行　兰州大学出版社　(地址:兰州市天水南路222号　730000)
电　　话　0931-8912613(总编办公室)　0931-8617156(营销中心)
　　　　　0931-8914298(读者服务部)
网　　址　http://press.lzu.edu.cn
电子信箱　press@lzu.edu.cn
印　　刷　兰州银声印务有限公司
开　　本　710 mm×1020 mm　1/16
印　　张　13(插页2)
字　　数　199千
版　　次　2021年8月第2版
印　　次　2021年8月第1次印刷
书　　号　ISBN 978-7-311-06038-1
定　　价　45.00元

(图书若有破损、缺页、掉页可随时与本社联系)

序　一

何蕊芳

精神科主任医师、西北民族大学教授

甘肃省精神卫生中心副院长

在新型冠状病毒流行的非常时期，世界各地经常会有居家禁足的规定出现，国内外很多学者提出了一些居家期间的心理学方法，用来缓解情绪。内观疗法方面的专家也不甘落后，我国著名精神病学家、上海交通大学王祖承教授，呼吁大家可以在家里开展内观。2020年2月1日，王祖承在“心理学空间”发表了题为“当前非常时期，可以在家里开展‘简易内观体验’”的文章。

他在引言中指出：“当前，正值新型冠状病毒流行的非常时期，大家同心协力战瘟疫，静静地守在家里。对这样的天赐良机，我们正好可以做内观心理治疗。尤其是自我式的‘简易内观体验’，对提高自身的心理状态有很好的帮助。内观，是需要在安静环境中，仔细地思考，深深地回忆，通过观察自己的内心世界，一步一步地深入下去，触及自身深层的内心活动与人际关系，继而激发出自身的情感活动，调节认知偏差，随之迸发出‘高峰体验’（peak experience）。这种体验，是属于人类所独有的高尚感情，具有向上、乐观、积极、开朗、善良、活泼等等正性特质。我们的心在所处的时代，正需要有这样的正性心理特质。”

天津医科大学精神卫生与心理学系主任毛富强教授也提出了“居家内观”的概念，并在很短的时间内编写了《心理防护 平安居家——居家内观操作手册》，为心理抗疫提供了一种简便可行的心理学方法。此书已于2020

年4月由北京大学医学出版社出版。

毛教授在书的前言中提到:“2020年初突如其来的新冠疫情给人们的生活方式带来了巨大冲击，疫情下各种心理问题和情绪行为症状也随之而来。在这场新冠肺炎疫情阻击战中，患者的心理康复需要一个过程，病亡者家属也需要心理疏导，很多居家的居民时间长了也会产生各种心理问题，他们的心理健康应该得到重视，采取切实有效的方法加强心理疏导工作非常重要。内观疗法设置，非常适合防疫要求的居家隔离，开展自我式的‘居家内观’训练，既能缓解疫情引发的各类心理症状，又能提高自身的心理状态。”

与此同时，日本大阪内观研修所所长榛木美惠子也提倡在家开展“居家内观治疗”。中国各地内观学会会员、委员也积极参与到了应用内观防御新型冠状病毒引起的肺炎疫情的心理防护工作中。万事相生相依，万物皆有联系，新型冠状病毒让人类生活紊乱、情绪奔溃、信念动摇的同时，也给人类提供了在家相亲相爱和暴露矛盾的机会。

最难爬越的山是自己，如果您在家禁足期间，能够进行一次自我探索，了解一下自己，将会是您在新冠病毒疫情流行这个危险中的最大收获，您会找到疫情给您带来的成长机遇，请跟着我的文字体验一下“内观疗法——自我探索、自我发现之路”。在疫情没有结束之际，如果你想要拥有更加快乐的生活，不妨抽出几天时间，来内观中心体验一次集中内观，在治疗师的帮助下，利用自省、记忆的力量帮助您面对深层意识下的自我，在七天时间内，您会对您和他人的关系有新的发现，走出逆境，摆脱约束您心灵的羁绊，更加快乐地生活。

《点亮心灯——内观疗法及案例评析》第一版出版之后，得到了广大专业技术人员的认可，供不应求，于2018年加印。最近几年关于内观疗法研究的理论也有很多新的进展，特别是甘肃省内观疗法研修室的“用梦境评估内观疗法”。本次再版主要是在内观疗法的机制方面增加了新的内容，对内观机制进行了新的研究，并结合疫情增加了居家内观指导的内容，还介绍了王祖承教授内观引入的17个程序，李忠义教授编写了10万字的案例部分。

书中还有一些观点不是很成熟，敬请读者指正!

2021年6月

序　二

王组承
前院长、教授、博士生导师
上海交通大学医学院附属精神卫生中心（上海市精神卫生中心）

这次，由西北民族大学教授何蕊芳主编的《点亮心灯——内观疗法及案例评析》即将再版，是顺应形势的一件大好事，非常及时且很有必要。

自2020年开始的这一阶段中，中国进入了全体抵抗新冠肺炎的时期。在抵抗新冠肺炎的过程中，中国人民全民动员、齐心一致、规模宏大的壮举，必将载入历史的长册。

中国精神科学界和医学心理学界从事内观治疗的同道们，紧随洪流、积极响应、不忘初心、众志成城、以实际行动投入防疫工作，从“精神—心理卫生”角度提供有关治疗方案，用内观疗法的方案和思路，编著完成了这本书。这本书对我们每一个人的心理调节，都有帮助。

当我们各行各业齐心一致积极投入行动时，当我们都静静在家守候、等待隔离结束时，我们都需要不断培育自己的一颗感恩的心、一颗宽容而充满爱意的心、一颗善良而热情的心，从而使我们不断调整自己的认知、不断提高自己的修养、不断积蓄自己的正能量。于是，我们就需要学习内观疗法。内观疗法是由日本吉本伊信先生创造的一种心理治疗方法，引进到中国后，非常适合在中国发展，并进一步发扬光大。

内观，能使我们充满感恩之心，感谢天地、感谢国家、感谢社会、感谢人民、感谢亲人、感谢爱我的人及我爱的人。我们能幸福地生活在这个充满爱和关心的社会里，能与社会、国家、家庭取得和谐状态，体现了内观的真谛。

我们每一个人，从出生开始的不断成长过程中，就生活在人与人交流、人与人相处的环境中。这个环境，是从童年的我开始不断向外拓展的：先父母，再兄弟姐妹，再祖父母、外祖父母、配偶子女、亲朋好友、同学、上级领导下级同事等，依次扩大。因此，从广义上讲，会影响我们成长的每个人，都是我们进行内观的范围。当然，最亲近我们的人，是最为重要的人，也是最需要我们作内观体验的对象。

父母、配偶和其他亲属，是我们内观体验最主要的对象。内观围绕着“他为我做了什么?”“我为他做了什么（回报什么)?”“我给他添了什么麻烦?”这三个项目开展。这三个项目看似简单、普通，但在我们的日常生活中，是被我们所忽略、所不注意的。通过内观，能够挖掘出我们的真情、热爱，能唤醒我们内心深层次的良知，从而产生出感恩的、乐观的、善良的、宽容的、积极向上的正性心理状态和爱，出现高峰体验的情绪反应。

当前，新冠肺炎流行之时，我们万众一心，静守在家，积蓄力量，安心学习内观知识，开展内观体验，正当好时光。我们的坚守，是为了不忘初心；我们的内观体验，是为了众志成城。齐心协力开展内观体验，也是为了感恩国家、感恩社会、感恩人民、感恩家人，产生出回报国家、回报人民、回报家人的高尚精神。

2021年5月

会长寄语

毛富强
教授、博士生导师
中国心理卫生协会内观疗法学组主任委员
天津医科大学精神卫生与心理学系主任

欣闻何蕊芳主任医师主编的《点亮心灯——内观疗法及案例评析》即将再版，在此表示衷心祝贺！

何蕊芳主任医师现任西北民族大学教授、硕士生导师，甘肃省第二人民医院副院长。她曾于2004年赴日本师从真荣城辉明教授和榛木美惠子所长学习内观疗法，是首批获得日本内观治疗师资格的中国医生之一。2007年和2013年，她在甘肃省天水市和兰州市先后组织了第一届和第四届中国内观疗法学术大会，现任中国心理卫生协会内观疗法学组副主任委员。

2014年何蕊芳主任医师主编的《点亮心灯——内观疗法及案例评析》由兰州大学出版社出版，这是由中国学者主编的第一部内观疗法方面的专业书籍，也是第一部具有中国特色的内观疗法学术专著。该书通过深入浅出的理论介绍和生动翔实的案例报告，使中国读者了解和学习了源于东方智慧的内观疗法，为很多陷入迷茫的国人点亮了心灯，开启了智慧的心理航程，照亮了生命中晦暗的那一段路程。

2020年年初，突如其来的新冠疫情让很多人陷入了焦虑、恐慌、悲观等负性情绪之中。为防控疫情而出台的各项严格管控措施，使大多数人停下了原本奔忙的生活脚步，不得不经历人生中的一次暂停。

何蕊芳主任医师的导师、中国心理卫生协会内观疗法学组首任主任委员、上海交通大学医学院博士生导师王祖承教授在疫情发生不久之后就在网上呼吁：大家同心协力战瘟疫，静静守在家中，是内观疗法体验的天赐良机，可以开展“简易内观体验”，提高自身心理健康水平，以应对与疫情相关的心理问题。

我积极响应王祖承教授的号召，提出了“居家内观”概念并邀请全国9个省市区的13位内观同道，共同编写了《心理防护 平安居家——居家内观操作手册》一书，该书于2020年4月由北京大学医学出版社出版。以这本书为指导，居家内观也在全国多地蓬勃开展起来了。

2020年10月，中国内观疗法体验培训班（杭州站）在美丽的西子湖畔成功举办。本次培训由中国心理卫生协会内观疗法学组主办、广州紫彤心理健康服务公司承办，王祖承教授发来视频贺词，何蕊芳主任医师亲临现场进行内观疗法督导，使内观体验者和指导者都受益匪浅。培训班已经在珠海、惠州连续举办，均取得了圆满成功，还将会在全国各地巡回举办。

居家内观是在新冠疫情期间，适合居家隔离的内观疗法操作模式，诸多成功案例证明其不仅操作简便而且疗效显著。我们有理由相信，居家内观会成为人们日常生活中一种简便易学的心理调节方法，也会发挥更大的作用。希望大家利用新冠疫情防控这段特殊时期，开展一次自助式的居家内观体验。

再次祝贺何蕊芳主任医师专著再版！希望内观疗法为早日战胜疫情，为健康中国建设贡献心理疗法的力量！

2021年2月8日

目　录

第一章　内观疗法概述

第一节　内观的起源

内观是日本人吉本伊信（1916—1988年）于1937年创立的，而内观的概念在佛教中最早出现是在公元250年，来源于佛教净土真宗的一派，由日本禅师白隐（1685—1768年）提出，是一种“断我执，认识我”的方法。当时，白隐禅师通过这种方法也治好了不少神经症患者。内观的原意是指通过深刻反省自身，洞察到自己的深重罪孽因之忏悔，拜托佛祖来拯救自己。日本净土真宗的“身调ㄟ〵”，是一种不饮食、不睡眠去悟生死无常，转迷开悟的修行。佛教中的内观指的是观察事物的本来面目，是一种如实觉察自我身心的实相，而达到净化心灵目的的过程。内观者从观察自己的呼吸开始，专注于自己的内心，而后用这种敏锐的觉知，去观察自己的感受，体验无常、苦、无我的真谛。吉本伊信以此为基础，去掉宗教色彩而移用到日常生活中来，发展这一理论而创立了内观疗法。

吉本伊信于1916年出生于日本奈良县大和郡山市，在他的亲族中有很多人信仰佛教净土真宗，他自幼在这种环境的熏陶下成长。根据吉本的自述，他就读小学二年级时，家中四岁的妹妹死了，母亲非常难过，从而对宗教的信仰活动更为积极。吉本每天和母亲到寺里参拜，因而有机会接触到日本净土真宗的宗教精神修行法——“身调ㄟ〵”。

青年时代（1930年）开始，他认为个人自信心与知识的积累有关，因此开始体验探索“身调ㄟ〵”。经过了几次挫折：前两次都是被迫进行，因无法忍受生理上的痛楚而放弃；第三次虽是自愿，但也因饥饿而放弃；直

图1　吉本伊信

到第四次，在他二十一岁那年（1937年11月），终于因达到目的而感到无限快乐。他知道在日常生活中确实有很多人想要达到佛教中所说的“领悟”，并怀着对往事不断忏悔的想法。但是，吉本对于此修行法只限于狭窄的宗教团体和少数人的做法感到疑惑，通过他的修炼经历，他认为不眠、不饮食相当痛苦，将会阻挠人的求道进取之心，而且不能持久。因之设想，若从纯粹是宗教性质的范围中摆脱出来，改变原来不吃不睡的习惯，就有可能采用此法达到心理治疗的目的，一般人也可以做到，就能将其推广应用,帮助更多的人。吉本伊信将原来有浓厚宗教色彩的“断食、断水、断眠”的苦行要素完全排除，改成给予正常饮食、睡眠的内省形式，这就是内观最初的原型。

吉本在《内观四十年》中曾经指出：“只要有自觉罪恶感（尚未自觉到无常感）”，其精神生活的内容就有一大改变，年轻人都可以被改造成坦率而诚实的人。内观则摒弃宗教色彩，以人格的转变为目的。

1943年，吉本伊信让28名女工交替体验了集中一个星期的内观，标志着内观大众化的起源。1944年，吉本伊信将内观疗法应用于森川株式会社的员工培训中，这使内观获得了首次培训员工的经验。1945年，吉本伊信发行小册子，封面写“反省”，附上副题“内观”，这是吉本伊信关于内观疗法的第一本著作。当时，内观的主题只有前两个——“别人为我做的”和“我为别人做的”，换言之，内观初期只有两个主题。

1945—1947年，吉本伊信在家开办集中内观实习道场。1953年他退出实业界，用所积累的资金，在大和郡山市的家里开办了内观道场（内观教育研究所，现大和内观研修所的前身），指导希望内观者进行内观体验。

1954年，他成为奈良少年刑务所的教诲师，并将内观引入司法矫正界，是内观普及化的开始；由于效果显著，1955年，内观教育成为矫正界有力的矫正方法，受到了社会的肯定；1964年，学校教育也引入了内观。1963年，吉本辞退教诲师工作，专心指导内观。1966年，心理治疗界也注意到了内观的效果，将内观当作心理治疗的一种方法，“内观”成为“内观疗法”。1968年，吉本伊信将内观的主题改为现在的三个主题，增加了“给别人添的麻烦”这一主题。时至今日，内观疗法已成为日本著名的心理治疗方法之一，由日本青山大学石井光教授推广到了澳大利亚、瑞士、美国、德国等地。1988年上海第二医科大学王祖承教授将内观疗法引入到了中国。

第二节　内观在日本的发展

自1937年从佛教中提炼出内观疗法以后，这一疗法在许多方面得到了广泛的应用。1940年，内观作为一种自我探索、自我成长的方法应用于工商界；1954年，内观应用于司法界，吉本在收容罪犯的拘留所给在押人员做内观；1964年，内观应用于教育界，在若干学校开展了起来，作为一种心理矫正的手段，学校对学生进行内观体验，收到了很好的效果。

而内观进入心理治疗领域是在1968年，信州大学心理学系竹内硬教授接受了内观体验，在他的推动下内观开始向心理学领域发展。先后在冈山大学医学部、东京慈惠医科大学、鸟取大学医学部、大阪大学医学部开始相关培训，从此内观在医学界受到瞩目，内观作为一种心理治疗方法开始发展和实施。1978年，在精神科医师竹元隆洋的号召下，临床心理学教授三木善彦成立内观医学会，临床心理学教授村瀬孝雄任第一任会长，此后每年召开一次全国性的学术年会，此间内观疗法的发展研究引人注目。

内观疗法从1977年开始应用于医疗，日本大多数医院都开设了内观治疗病房，添置了相关设施。2003年10月，日本鸟取县米子市举办了第一届国际内观疗法学术大会。目前在日本有内观学会和内观医学会两个学会，前者参加者以促进心理健康者为主，后者参加者以医务人员为主。一般来说，以完善自我和提高修养为目的的称内观法，在医院或研究机构以改善症状为目的的则称内观疗法。经过80多年的发展，日本从事内观治疗、研修的单位有近50所，从业者有400余人。在心理咨询、治疗机构及医院心理治疗中心，内观疗法得到了广泛应用。美国和欧洲的一些国家已经设立了内观疗法的专门研究机构。目前，日本已经有20多万人体验过集中内观。

2018年，在第七届国际内观疗法学术大会上，日本内观医学会和内观学会合并。

第三节　内观国际化

1962年，美国学者在日本调查，进行有关内观发展的研究。

1980年，澳大利亚学者前去日本亲身体验内观。

1981年，内观在德国开始应用。

1986年，欧洲成立内观研究所。

1990年，英国成立内观研究所。

1991年，东京召开了第一次国际内观大会。

1994年，第二次国际内观会议在维也纳举行。

1997年，第三次国际内观会议在罗马举行。

2003年，鸟取县米子市举办第一届国际内观疗法学术大会。

2005年，上海举办第二届国际内观疗法学术大会。

2006年，韩国首尔举办了国际内观疗法研讨会。

美国和欧洲的一些国家已经设立了专门研究内观疗法的机构。

第四节　内观在中国的发展

1988年，内观作为一种心理治疗方法，由上海精神卫生中心精神科教授王祖承引进我国。王祖承教授整理资料，撰写了综述“内观疗法”的文章，并刊登在了《国外医学·精神病学分册》（1988.3；138—141）上，这是国内最早介绍内观疗法的文章。

1992年，巽信夫和真荣城辉明来中国介绍内观，并在第七届华东精神医学年会上做了有关内观疗法的演讲，当时参加大会的有400多位来宾。

1993年10月，王祖承、方贻儒二位教授访问日本东春日井病院和大和内观研修所，会见了榛木美惠子女士和吉本伊信夫人。

1994年，在上海市精神卫生中心举行小型座谈会，讨论的中心题目是“内观疗法在中国有可能开展吗?”。讨论中，共有7位参加者发言，他们一致肯定了内观疗法，认为它与东方文化的关系比较密切，内观疗法也是我国目前开展的心理治疗项目中非常重要的一个方法。因此，最后得出的结论是“内观疗法在中国有开展的可能”。

接着，由王祖承教授撰写了有关内观疗法的介绍文章（《您知道内观疗法吗?》《您想学习内观疗法吗?》《您想开展内观疗法吗?》），刊登在了浙江精神卫生研究所出版的《精神卫生通讯》上，每篇一期，连续三期。

同年，由上海市精神卫生中心（院长严和骎，副院长张明岛、郑瞻培）向市政府卫生局推荐，经批准，成立了上海市中日医疗护理友好交流协会及中日联合内观疗法研究会，会址设在上海市精神卫生中心，王祖承教授任会长。

1994年10月，真荣城辉明、堀井茂男、榛木美惠子受邀在湖南省张家界市参加了中华行为医学大会，并在大会上作了“内观疗法”的相关报告。

1995年6月7日，上海市精神卫生中心举行内观疗法研讨会，榛木美惠子受邀前来演讲，并在病房里对患者进行了实践体验的指导。

1996年，在日本第19回内观医学会上，天津医科大学的李振涛教授发表了与内观疗法相关的特别演讲。

1997年，在上海举办了森田疗法和内观疗法讲习班，真荣城辉明、堀井茂男和榛木美惠子三位受邀来做内观培训，并做了实践指导。当时的参加者有来自全国各地的精神科医生40人，其中10位要求参加日本内观学会，这也是我第一次接触到内观疗法。

1999年，榛木美惠子女士在上海精神卫生中心作了与内观相关的专题报告。

2000年12月17—21日，榛木美惠子、榛木道晴受邀来上海参加由上海三个学会（上海市心理卫生学会、上海市医学会精神科学会、上海市医学会行为医学学会）联合举办的年会，并在大会上做了“内观疗法”的演讲。

2002年5月7日，上海市精神卫生中心举办第二届森田疗法和内观疗法讲习班，真荣城辉明、巽信夫、榛木美惠子等五位来宾分别做了演讲，本次讲习班有50余位学员参加，有10位学员要求参加日本内观医学会。

图2　1997年在上海举办的森田疗法和内观疗法讲习班

2003年9月23—29日，榛木美惠子、榛木章人、榛木久实在上海市精神卫生中心分部做了“内观疗法”的演讲，参加者有来自全国的进修医师代表30名。继之，一行人又赴甘肃省天水市精神病院参加了50周年院庆，对来自中国西北地区的80位精神科医师主讲了“内观疗法”，会后有多位医师要求参加日本内观学会和内观医学会。

2003年10月，王祖承教授率领上海、江苏、甘肃、天津四地医师一行八人参加了在日本鸟取县米子市举办的第一届国际内观疗法学术交流大会。

2004年，受大阪产业大学和大和内观研修所邀请，中国的四名医生在大阪产业大学与大和内观研修所进行了内观疗法研修，获得了大阪产业大学颁发的“内观面接师”资格证，他们是我国首批得到日本认证的内观治疗师。

2005年10月，第二届国际内观疗法学术大会在上海市举办。

2007年9月，第一届中国内观疗法学术交流大会在甘肃省天水市举办。

2009年8月，第二届中国内观疗法学术交流大会在山东省淄博市举办。

2011年8月，第三届中国内观疗法学术交流大会在天津市举办。

2013年8月，第四届中国内观疗法学术交流大会在甘肃省兰州市举办。

2007年，甘肃省天水市的内观治疗师在天水市一中将内观引入中学生的感恩教育中，取得了良好的效果，是国内将内观疗法从医疗向教育推进的标志。之后，甘肃省精神卫生中心（甘肃省内观培训基地）的内观治疗师分别在甘肃的各大高校开展了内观培训教育，与西北师范大学、甘肃农业大学、兰州城市学院、甘肃文理学院、陇东学院、陇南师范高等专科学校、天水师范学院等高校合作开展了内观培训，并在兰州城市学院开设了“内观疗法”课程。内观在学校中的开展，为促进人际关系和谐作出了巨大贡献。天津医科大学也对本校的大学生进行了内观培训、体验。甘肃省教育厅将内观写入了甘肃省中小学心理健康教育指导中心指定教材。

2008年，天水市第三人民医院的内观治疗师在天水市第三监狱给干警进行了内观疗法培训，将内观疗法引入了司法界。2012年，甘肃省精神卫生中心的内观治疗师将内观疗法应用于少管所，对在押青少年进行了内观体验，开始研究内观态与脑电图的关系，标志着内观疗法在我国的应用范围不断扩大，内观疗法在帮助更多人达到心灵和谐。

目前我国已有100余人分别参加了日本内观学会和日本内观医学会。国内有内观治疗督导师20名，内观疗法培训基地5个（分别是上海市精神卫生中心、山东省淄博市第五人民医院、甘肃省第二人民医院、天津医科大学、哈尔滨曲伟杰心理学校），有23所医疗机构单位、6所心理咨询机构开

图3　第一届中国内观疗法学术大会在甘肃天水举办

展内观治疗。

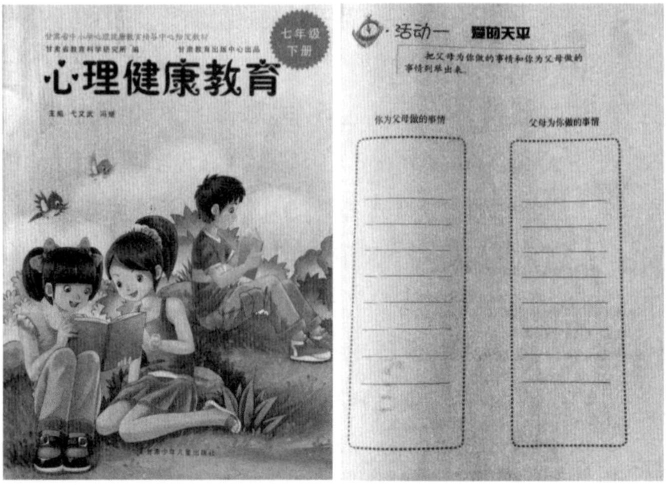

图4　甘肃省中小学心理健康教育指导中心指定教材及其中的内观内容
(内观在学校应用方面的相关内容在后面的章节中有详细讲述)

毛富强教授自2009年起为天津医科大学的研究生开设了“内观疗法基础与体验”课程，设置12学时。《内观认知疗法研究》一书在2021年被评为“天津市优秀研究生课程思政教材”。

通过多方努力，王祖承教授在1988年将内观引入国内。自2012年起，内观疗法正式列入心理治疗收费项目。王祖承教授为内观事业的推动作出了巨大的贡献，下面是王教授引进内观疗法全过程的17个程序。

王祖承：“日本创造内观疗法的大师吉本伊信（1916-5-26—1988-8-1），于1937年创造并于1940年推广了内观疗法。我于1988年首先以全面综述的方式做了全文介绍，发表在了中国当时最为盛名的精神科专业杂志《国外医学·精神病学分册》上，继之就联系日本有关内观疗法学会的负责人员，并不断开展交流，至2020年的30余年后，内观疗法已在中国广泛开展。回顾内观疗法进入中国的全过程，可以说，有十七个程序。”

第一个程序：“感恩”能产生幸福感，“回报”可以增加情感交流。

我作为精神科医师，经历了20世纪60—70年代的“文化大革命”后，在国家发展的强大形势下，和其他精神科医师一样，极其需要学习有关精神科的知识，迫切需要了解各方面的发展和动态。医院当时的领导党委书记李培正和院长严和骎，也积极联系国外的专业学术机构，设法推荐医院里的医师去国外交流、访问、进修、学习等。

与此同时，曾在世界卫生组织精神卫生处担任处长的林宗义教授被聘为中国卫生部顾问，他与日本千叶县静和会浅井病院理事长、院长浅井利勇，副院长浅井邦彦关系亲密。在他的推荐下，中国卫生部和日本浅井病院签订备忘录，确定自1984年开始，中国每年派2～4名精神科医师或护士去日本浅井病院进修，为期3个月到6个月或1年不等。至1996年前后，中国曾有35名左右的精神科专业人员去浅井病院进修、学习过。此外，还有近100名的卫生系统领导（官员）或精神科专家访问过浅井病院，浅井病院为他们提供了很完善的生活条件和学习条件。相关人员在参观、学习过程中产生的费用，全部由日本浅井病院承担，这使我国派出进修的医师、护士都有很大收获。他们回国后，都能在自己的工作岗位上发挥作用。

我于1985年12月去日本浅井病院进修了一年，同去的还有北京大学精神卫生研究所的崔玉华教授。我们在浅井病院进修的一年期间，得到了各方面最好的待遇，生活上都照顾得很满意，浅井病院对我们的衣食住行等都非常关心。在学习上，我们参与了医疗查房、病例大讨论以及各种学术活动，在图书馆阅读了许多精神病学的专业资料，还复印了不少必读资料，浅井病院赠送给了我们很多有价值的图书和杂志，同时我们还参加了日本的几个相关学术大会（日本社会精神病学会大会、日本精神病院协会大会、日本心理学术大会），访问了日本东京医科齿科大学、日本自治医科大学、东京精神医学研究所，参观、访问、游览了东京、京都、大阪、名古屋、广岛等处，还与浅井病院的职工参加了“四国”旅游，可以说是“遍路”的一种形式吧。

一年的进修学习，使我大幅度增加了精神医学知识，深深地了解了日本精神医学的历史与现状，也体会到了中日两国之间的友好交往和民间友情交流的温暖。我对自己医院以李培正书记、严和骎院长为代表的领导的感谢、对日本以浅井病院为代表的日本民间精神病院的感谢，时时铭记在心，常常感恩。这是一股温和着自己的暖流，我的感恩之心让我产生了一种回报的爱，我要把这种回报的爱奉献于自己的国家、自己的医院，同时我也希望能为日本浅井病院的发展、中日两国民间交流的发展作出贡献。

因此在回国后，我设立了“上海—浅井精神卫生奖”，翻译了浅井邦彦的两本专著，向国内译介了许多日本精神医学的资料，还与浅井病院合作搞科研、发表相关论文，推荐相关医师和学者去浅井病院交流，介绍相关领导去日本浅井病院交流、学习和进修。以上种种，都是我努力推进中日两国民间友好交流的努力。

通过“感恩”“回报”这种内心收获，我深刻地认识到这也是一种自我调整、自我成长、自我成熟、自我人格完善的方法，故而也在寻找最最合乎这种过程的治疗方法。

第二个程序：内观疗法是使人产生“感恩感”“回报爱”的最佳方法。

自1986年起，在学习日本精神医学各方面的过程中，我找到了《最新精神医学》（新福尚武主编）一书中有关内观疗法的章节并反复阅读，在此基础上我扩大了搜索范围，找到了很多资料，其中包括许多日本的心理治疗专著和杂志。我在翻译这些资料的同时也学习体会了内观疗法，发现内观疗法是最有“感恩”“回报”特色的心理治疗方法。内观疗法由家庭之间的人际关系（父母子女、配偶、恋人）扩大到亲戚之间、朋友之间、同事之间、领导和下属之间的人际关系，这些人际关系都需要很好的协调。

经历了“文化大革命”的浩劫之后，中国人与人之间的尊重、友谊、关怀、诚信、宽容、互助等优良的道德传统和民族文化都受到了严重的冲击。40年来，虽然国家一直都在努力调整和克服各个层次、各个方面上遇到的问题，但还是不能很好地、全面地调整好当前社会存在的病态现象，比如家庭内的伦理道德观念下降、亲人之间的感情淡薄，社会上流行的“金钱至上”观点，“以自我为中心”，遵纪守法的缺失，等等。

当前，中国从政府到民间，各个阶层都在努力改变这些不良现象，设法提高社会文明程度，提升公共道德和家庭伦理水平。因此，各个阶层举办的各种社会活动，主旨都是体现人与人之间的相互关心和关爱，他们希望借此促使人产生“感恩”和“回报”等高尚的内心活动，而内观疗法的特点，就是可以从本意中寻找出真、善、美。

尤其是从内观三项目（“他人对我关怀”“我对他人的回报”“我对他人带来的麻烦”）着手，可以更好地协调自己内心、协调自己与他人的关系。因此，“内观法”是人际和谐、社会和谐的良药。

我从1987年开始收集资料，撰写有关内观疗法的专业文章。1988年8月，中国专业杂志《国外医学·精神病学分册》（湖南省长沙市，湖南医科大学出版社）刊登了我的综述文章，题目即为“内观疗法”，这篇文章全面系统地介绍了内观疗法。我第一次在中国介绍内观疗法时，恰逢内观疗法创始人吉本伊信去世（1988-8-1），这是偶然、但也是巧合，好像他在冥冥之中把内观疗法传到中国来了。

第三个程序：内观疗法能否在中国开展的可行性研究。

自1994年开始，我写过三篇介绍内观疗法的通俗文章，每篇1000字，题目分别为“学习内观疗法”“理解内观疗法”和“实践内观疗法”，这些文章连载在了浙江省《精神卫生通讯》上。然后我将这些文章传给了浙江省湖州市精神病院，请该院组织医务人员围绕“内观疗法能否在中国开展?”作专题讨论。当时，中国开展的心理治疗项目并不多，内观疗法属于一种新的治疗方法，故能否被中国社会接受尚未能确定，因此必须要做可行性研究。

浙江省湖州市精神病院是省级大型精神病院，其发展时间较长、医疗力量雄厚，医院的历史传承也有一定厚度的积淀，与外界的联系多，故而能容纳和接受相关的医疗和社会信息。因此，请他们开展可行性研究，是有医疗基础的。该院的医务科长积极配合我的工作，挑选了20位医师和20位护士，就内观疗法开展的可行性作相关评估。调查结果显示，40名对象一致认为可以在中国开展内观疗法，因为这个疗法符合中国的文化传统，也与中国文化的背景密切相关。同时我在上海市精神卫生中心开展内观疗法介绍工作，组织了病房医师座谈会，在会上有8位医师（本院及全国各地来的进修医师都有发言）认为内观疗法符合中国文化的特点，可以开展。该座谈会纪要发表在了日本刊物《内观新闻》上。1993年，我们写好了申请报告，并提交给了上海市卫生局。经上海市卫生局审核批准，我们成立了“上海市中日医药护理友好交流协会”，下设“中日联合内观疗法研究会”。

第四个程序：试行开展内观疗法的病例观察。

自1994年开始，我们试行开展内观疗法，对象是住院精神病人，开始先选择了4例病人，以后又选择了4例，共计8例。8例病人的疾病诊断为精神分裂症、情感障碍、焦虑症等。开始体验前，先订好计划、安排好房间、排好日程、物色好对象，再联系其家属，征得每个病人家属或监护人的同意后，就按计划开展内观疗法，全过程由一位医师（女）执行和管理。经过大约半年的时间，8个病例的试行计划全部顺利完成，且都有详细的记录。经过各方面的资料汇总和分析，内观疗法在病例身上的效果都很好。病人能系统地回顾自己的双亲、兄弟姐妹，能把自己对他们的麻烦、他们对自己的关怀、自己对他们的回报这三个项目完整地进行内观。

接着，这位医师将详细记录系统地整理成文，写出了第一篇有关内观疗法的论文，并在全体“精神科医师研究进修班”上宣读了论文。之后，这篇论文刊登在了中国的精神科杂志《上海精神医学》上。接着，这位医师又相继公开报告了几个内观疗法的案例。总之，内观疗法的试行和实施，都很顺利。我们的尝试取得了成功的结果，这对大家深入开展内观疗法也增加了信心。

第五个程序：请日本专家来中国介绍内观疗法；参观内观疗法创始人吉本伊信之家。

1992年的“中国华东地区第七届精神医学大会”，特地联系了日本内观疗法事务局局长真荣城辉明和以后的日本内观疗法学会理事长巽信夫。他们在上海市精神卫生中心（总部）的大讲堂里作了大会报告，一个报告是介绍内观疗法，另一个报告是介绍森田疗法。可以说，这两个报告是首次由日本专家在上海作的，当时参加大会的人员有500位左右。他们都了解到了由日本创造的有特点的心理治疗方法，这两个报告给参会者留下了非常深的印象。

同年，我（上海市精神卫生中心的王祖承教授）和当时攻读硕士学位的方贻儒在日本合作进行酒中毒临床研究的间隙期间，特地从东京到奈良去拜访了内观疗法创始人吉本伊信的奈良大和内观研修所，名古屋东春日井病院心理科的真荣城辉明先生及大阪内观研修所的榛木美惠子所长陪同。榛木美惠子所长还特地联系宾馆安排我们住了一宿。

吉本伊信的夫人、儿子和管家隆重地接待了我们。我们参观了整个研修所之后，我以上海市精神卫生中心和上海第二医科大学精神医学教研室的名义赠送了一面锦旗给研修所，上写“心的净化”。吉本伊信夫人则赠送了我一幅由吉本伊信先生亲手书写的长书挂轴，挂轴上都是汉字，且字体优美，原来吉本伊信生前还是一位书法家。

八年之后，我再去访问，研修所已由真荣城辉明先生任所长，吉本伊信夫人已去世（1998年）。在那里，我住了一晚。研修所的内观大厅隔成了多个小间，清晨六时，刚刚醒来，就听到了内观音乐。这种音乐，节奏是舒缓的，婉委且很悦耳，能让人渐渐地从睡梦中醒来，再渐渐地进入内观治疗的气氛中去。后来，我对真荣城所长说这个音乐很优美，让人心情放松且舒畅。他就送了我一盒录音带，说可以带回去欣赏。因为播放的设备不够，所以不能在治疗室中播放。在访问期间，我也认真地作了内观疗法的体验。

第六个程序：多次开展内观疗法讲座和内观体验。

自1995年开始，我们在上海市精神卫生中心领导严和骎教授、郑瞻培教授、张明岛教授、顾牛范教授等的支持和安排下，几乎每年都举办内观疗法讲座，医务科科长黄玉仙主任对讲座也非常关心。每逢全院业务活动学习内观疗法，领导们都动员全体医师出席，鼓励他们参加讲座。

来我院做讲座的日本大阪内观研修所榛木美惠子所长，是内观疗法创始人吉本伊信的嫡传弟子之一，对介绍内观疗法非常热心。她举止端庄、大方，性格开朗，活泼、热情，是很典型的日本女性。尽管她已年届五十，但在介绍内观疗法时非常积极投入。从20世纪90年代中期开始，她就来中国访问并介绍了内观疗法。为了更好地介绍内观疗法的本质和特长，她还出资聘请了一位精通日语的旅行社导游担任翻译。因为反复介绍、不断强化，上海市精神卫生中心（总部）的不少医师都了解了内观疗法的大概情况。因此，“森田疗法研究会”成立的同时，也成立了“内观疗法研究会”，当时的参会者有肖泽萍、张海音、谢斌、仇剑崟、徐鹤定、陈三星、李云龙等。那时，中国的心理治疗方法还很少，医师亟需加强学习和了解相关方法，因此参加者都很踊跃。“内观疗法”是一项新的心理治疗方法，既然有发展前途，就要不遗余力地坚持学习、广泛介绍，使之能在思想上受到重视。

另外，我们主张精神科医师要亲身体验内观疗法。张海音医师在去日本学习森田疗法的同时，也学了内观疗法，并且亲身体验了内观疗法。最重要的一次是2008年在上海市精神卫生中心举办的精神科医师内观疗法体验讲习班，来自全国各地的精神科医师或心理治疗人员有11位，他们坚持了8天，从早到晚进行了内观治疗体验，并且全都完成了学习内容。当时的指导老师是日本大阪的榛木道晴和榛木美惠子夫妇，以及特地从中国黄山茶场赶来协助的日本友人有田三郎。后者是热衷于内观治疗的志愿者，他在中国已长期居住多年，了解了很多中国文化和传统民俗，基本能融入中国的生活了。这次严格的内观体验活动确实不容易，难度大、时间长，使我们真正认识到了开展规范性的内观不是一件简单的事情。

第七个程序：系统举办内观疗法讲习班。

自1996年开始，我们每年举办一期“森田疗法和内观疗法讲习班”，并申请到了可作为国家级的I类继续教育项目，参加者可获得I类学分6分，作为每年接受继续教育的学分，对参加者的职业教育和工作成绩积累很有帮助。每期讲习班连续五天，每天上午、下午均有课程，且有专门的教材。除森田疗法、内观疗法的专门项目外，还要介绍与以上两种心理疗法不同的、但也很重要的其他两种心理治疗方式，以作为鉴别和比较。两种治疗方式即为精神分析治疗和认知治疗。讲述内观疗法的老师是特地从日本请来的大阪内观研修所榛木美惠子所长、奈良大和内观研修所真荣城辉明所长，此外还有冈山大学堀井茂男教授、信州大学精神医学教研室巽信夫教授等。此外，我们参与授课的老师有王祖承、张海音、仇剑崟、徐勇，复旦大学的季建林教授等。

2001年以后，上海市精神卫生临床质量控制中心（质控中心）成立，逐渐将森田疗法、内观疗法的有关规范化操作内容纳入了必学课程，并由质控中心负责讲课和推广，并进行质量控制。每次参加学习的学员人数有40～80人，其中一半是上海市各个精神卫生医疗机构的医师或护士，另一半是来自全国各地的精神卫生医疗机构的医护人员，同时也有心理咨询师来听课。

讲习班已举办了20年，其中一部分的听课学员回去后积极参与和推广内观疗法，并深入地研究了内观疗法。如甘肃省天水市精神卫生中心的何蕊芳医师，她认真参加了内观、森田疗法的讲习班，以身作则带头参与并组织了相关讲座，后升任主任医师。她深入各个学校去开展内观体验，有很突出的成绩。2011年，她上调至甘肃省精神卫生中心担任副院长，并且不断研究内观疗法。2014年，她用自己积累的病例资料和相关经验，出版了专著《点亮心灯——内观疗法案例及评析》，书中关于内观疗法的案例分析，内容很实际，有具体的临床指导作用。

第八个程序：国家级的精神科医师临床进修班、研修班、心理咨询班的授课项目。

上海市精神卫生中心自1973年开始，就承办了国家卫生部主办的“全国精神科医师临床医疗进修班”，并有成系统的教材，自1992年开始，设立“全国精神科医师临床研修班”。前者以临床治疗和诊疗实践为基本内容，后者以临床科研方法为主要内容，并要撰写相关的综述文章（1992—2005）和研究论文。从2000年开始，我们又举办了“心理咨询师培训班”。上述二类培训班已正式将森田疗法、内观疗法被列为了授课项目，并有专门的书面指导材料，授课老师包括王祖承、张海音、陈俊等。从1992年到2005年，每年一期的“全国精神科医师临床研修班”都有10～15名参加者。研修班多次将内观疗法作为研究项目，开展了病例体验、病例观察和病例记录，并进行了资料分析，研修班前后写了七八篇论文，此外还有个案报告、综述论文等。每年参加“全国精神科临床医师进修班”的学员有40～60名，内观疗法作为一项专门学习的课程，仅作为理论学习。另外，每年参加“全国心理咨询师培训班”的学员有50～80名，参加对象不一定是精神科医师，还包括了许多其他职业的从业者（心理工作者、教师、人事管理部门人员等），他们是为了学习心理咨询而来的。内观疗法课程以理论介绍为主，重点普及知识，还有一定的操作示范，对内观疗法感兴趣的人建议参加专门的内观疗法讲习班。

第九个程序：成立了一个下属于中国心理卫生协会的心理治疗学组。

中国心理卫生协会成立于1988年，首任会长是陈学诗教授。学会前身的成立时间，应该推算至1948年。当时中国的程玉麟教授作为中国代表出席了在英国伦敦召开的世界精神卫生联盟大会（WFMH），并准备筹建中国心理卫生协会，后因中国发生了翻天覆地的变化，计划因此搁置，相隔40年之后的1988年，中国心理卫生协会才正式成立。中国心理卫生协会下设六个委员会，心理咨询与心理治疗委员会是其中之一，这个委员会下设有几个心理治疗学组。心理治疗学组最初设立的学组是精神分析学组，1995年增加了内观疗法学组，之后又增加了认知治疗学组等几个学组。内观治疗获得了中国心理卫生协会的认可，这也间接说明了内观疗法有学术基础和治疗特色，并可以在中国开展下去。

由于我国在审批群众性专业学术组织方面程序繁琐且极为严格，故尚不能成立独立的“中国内观疗法学会”，至今，其他的心理治疗法也没有独立的学会，能得到国家认可的，就附属在中国心理卫生协会之下。

为了促进中国内观疗法的发展，在征得日本内观疗法学会的同意后，凡在中国愿意开展内观疗法的专业人士能以个人名义申请加入日本内观疗法学会，成为日本内观疗法学会的会员，这类现象在其他医学专业上也允许存在。如中国有许多内科、外科方面的专业人士，就直接参加了美国或英国的某个学术组织，缴纳了会费就能参加该学会举办的学术交流活动、了解该学会的相关学术资讯。

中国的心理卫生专业人士及精神科医学人员参加日本内观疗法学会是一种特殊情况下的权宜之计，因此并不按该学会的章程缴纳全部的入会费和每年的会费，而是一次性缴纳人民币100元，在5年内担任会员，如果5年后有意继续参加，就再缴纳100元人民币。这个费用的标准是很低的，只能作为短期性的会费，我称之为“阶段性会员”。今后还能否深入开展内观疗法，要依其本人的努力、所在单位的支持力度、开展内观的各个条件而定。一部分人积极参加，一部分人则在某个阶段参加。因此，前前后后进出协会的人次较多，达到了300余次。

为了弥补没有单独的“中国内观疗法学会”这个不足，也为了能与国际上相关的内观疗法学会可以较平等地进行学术交流，经内观疗法学组于2013年8月的全体理事会讨论之后，决定在学组内设立“中国内观疗法研究会”。其宗旨是在学组内进行内观疗法研究讨论并与日本内观疗法学会进行学术联络。

第十个程序：申请内观疗法作为正式的医疗收费项目。

1998年，我们申请把森田疗法和其他心理治疗方法一起列为上海市医疗卫生的正式医疗收费项目获得了成功，在医疗保健范围内报销。2000年，我们申请把内观疗法列入上海市医疗卫生的正式医疗收费范围也获得了成功，随之在国内进一步推广了森田疗法和内观疗法。

2010年，中国卫生部修改有关医疗项目的收费标准时，也把森田疗法和内观疗法列入了正式的医疗收费项目。国家规定的收费标准是每次45分钟、收费60元；每天2次，共收费120元。这个收费标准，规定了操作时间和收费范围，但与内观疗法规范的操作时间（集中内观应连续7天，每天需时14小时以上）不符，我们很难执行。如果每天内观疗法的规范操作时间在14小时以上，最多也只能收费120元，但投入的人力、物力太多，使我们难以为继。因为每天只能操作1.5小时，我们只好重新调整每天开展内观疗法的总时间。

由此可见，国家颁布的操作时间和收费标准与内观疗法、森田疗法实际执行所需要的时间与规范要求不相符合。因为国家颁布的心理治疗项目收费标准还包括了精神分析疗法、认知疗法、音乐疗法和家庭疗法等项目，为了简便起见，故一律视作同一时间、同一收费标准。

为了适应国家颁布的规定时间和收费范围，我们通过临床精神卫生质量控制中心制定的规定，相应地修改了森田疗法和内观疗法的操作时间，即每天集中1.5小时实施治疗方案。同时我们还修改了森田疗法和内观疗法的治疗过程、适应对象和症状，并正式命名为改良森田疗法和（改良）内观疗法。

2014年4月，卫生部再次颁布了有关心理治疗的医疗收费项目，并提高了收费标准，规定森田疗法、内观疗法等的心理治疗项目为每45分钟收费72元，每天仍以两个45分钟计，并未改变每天治疗的时间。按规范的集中内观疗法计算治疗总时间，应为14小时/天，连续7天，共需要98小时。但我们目前执行的内观疗法时间，为1.5小时，连续22天（一个月，只计算工作日），共耗时33小时，远远不够总时间，应连续执行3月才够集中内观治疗的总时间，但如果按照三个月收费，费用高达9504元，这远远超出了普通心理或精神障碍者支付医疗费用所能承受的范围，这就成了乱收费、滥收费的项目，这也是不合情理的。为此，我们以上海精神卫生临床质量控制中心的规范要求为标准，开展内观疗法时以一个月（22天）作为一个疗程，每天总时间为1.5小时，每45分钟收费72元（1.5小时总收费为144元）。如果病例还需要继续开展内观疗法，还可以再延长一个疗程。

第十一个程序：在中国各地开展内观疗法介绍、交流和学习活动。

最早在中国介绍内观疗法的应该是日本专家于1990年在武汉作的报告。从1992年日本专家真荣城辉明、巽信夫二位到上海做了相关介绍以后，日本专家真荣城辉明和榛木美惠子先生几乎每年都到上海来参加介绍、交流和授课活动。直至现在，他们仍然到上海参与各种讲习班、交流会和国际大会。2008年，日本内观治疗师榛木久实特地在上海市精神卫生中心考察和交流了三个月。

在1998—2005年间，日本专家真荣城辉明、榛木美惠子又到杭州、无锡介绍了内观疗法。1995年以后，天津医科大学精神医学研究室李振涛教授、毛富强教授开展了内观疗法。他们先在少年犯管教所内开展了内观疗法，继之应用于临床，并在《行为医学科学》杂志上发表了许多研究论文。他们将内观疗法与认知疗法相结合，并称之为内观认知疗法。2000年以后，山东省淄博市精神卫生中心全面开展了内观疗法和森田疗法，且发表了很多研究论文。淄博市精神卫生中心新建造的病房大楼中有两层专门用于内观疗法和森田疗法，规模十分宏大。每个病房中有30张病床，能规范地开展上述两种疗法。2008年，真荣城辉明到北京医科大学介绍内观疗法。2009年，榛木美惠子、王祖承一行人到哈尔滨心理咨询处介绍内观疗法。自2000年以后，王祖承教授也在苏州广济医院、山东省潍坊市精神卫生中心、湖北省鄂州市第二人民医院等单位做过内观疗法介绍。2000年，上海市心理卫生学会、上海市医学会精神医学分会及行为医学分会联合举办了大会，专门介绍内观疗法。2010年，榛木美惠子、王祖承一行人又去广州脑科医院介绍内观疗法。后来，中国有5个专门开展内观疗法并可以作为培训基地的基地：①上海市精神卫生中心，同时与上海虹口区、闵行区、徐汇区、奉贤区、普陀区、徐汇区精神卫生中心协同开展内观疗法；②山东省淄博市精神卫生中心；③天津医科大学精神医学教研室；④黑龙江省曲伟杰心理学校；⑤甘肃省精神卫生中心。

第十二个程序：连续在中国举办多届全国性的内观疗法大会。

在国内各方面的支持下，由中国心理卫生协会心理咨询和心理治疗专业委员会内观疗法学组及上海市精神卫生中心主办，相关单位协作和承办的全国性的内观疗法大会，近10年来，已经连续举办了多届。2004年，甘肃省天水市举办了第一届中国内观疗法大会，本次大会由天水市精神卫生中心承办，参与者在200人以上。何蕊芳主任医师全力配合大会长管让成院长的工作，非常圆满地完成了本次大会，参与本次大会的日本专家有10人左右。2009年，山东省淄博市精神卫生中心举办了第二届中国内观疗法大会，本次大会的大会长为路英智院长。本次大会圆满完成，参与者在200人以上，另有10余名日本专家参加了大会。2011年，天津医科大学举办了第三届中国内观疗法大会，毛富强教授及李振涛教授作为大会长和主要负责人圆满完成大会，本次大会的参加者也在200人以上，同时也有5名日本专家参加了大会。2013年，甘肃省精神卫生中心举办了第四届中国内观疗法大会，何蕊芳作为承办的大会长和主要负责人圆满完成了大会，大会的参加者在200人左右，另有20余名日本专家参加了大会。每次大会结束之后，均有大会资料集出版，同时也有相关论文发表在国内的专业杂志上。

第十三个程序：举办第二届国际内观疗法大会。

2005年，在上海市卫生局、上海市医学会的全力支持下，上海举办了第二届国际内观疗法大会，卫生局和医学会的相关领导出席了本次大会，大会的大会长是王祖承教授，组织方是肖泽萍院长，大会参加者在250人以上，另有30名以上的日本专家，还有一些韩国专家，大会参与者用汉语、英语和日语开展交流。本次大会聘请了8名日本专家作为中国内观疗法学组的顾问，同时参与大会的4名专家还被聘为了上海交通大学的客座教授。大会前举办的为期两天的内观疗法学习班，有100余名参加者，还印刷出版了相关资料。

第十四个程序：组织专业人员赴日本系统规范地体验内观疗法。

自2008年开始，我每年都会组织精神医学及心理卫生方面的专业人员赴日本参加系统规范的内观疗法培训，这也是成为内观疗法治疗师的必备条件。培训单位是日本的大阪内观研修所，邀请书由榛木美惠子所长发出，每年基本上邀请一批人员去参加培训，每批人员大概有五到六名，有时一年去两批。翻译人员主要由大阪内观研修所的榛木所长负责落实，她多半会邀请在日的中国留学生来担任翻译。如果留学生在学习期间不能来担任翻译，则由我们派翻译人员陪同受训人员去日本参加内观疗法培训。每次参加培训的时间为12天，其中包括上课2天、体验7天、参观2天（参观相应的精神卫生专业机构）以及往返时间。去日本参加内观疗法培训的费用，一开始除来回机票外，其余均由榛木美惠子所长承担。随着以后相对固定地安排参加人员，相关费用已全部由中方自己承担，各单位轮流派人去进修体验。尤其是今后准备开展内观疗法的单位，则更应该主动选派人员去参加培训，总费用大约为人民币1万元。随着国家的开放和发展，出国去日本进修的人员已经相当多了，目前派出参加内观疗法培训和体验的人员大约已有12批次。

第十五个程序：组成代表团访日，参加日本的内观医学会或内观学会大会。

2003年，我们开始组织精神医疗及心理卫生的专业人员赴日本参加日本内观医学会或内观疗法大会。每次组成的访问代表团有成员15～30名，他们来自全国各地，分别参加过在日本东京、大阪、鸟取、奈良、长崎、冲绳等地举办的内观疗法大会，且宣读过论文、作过学术交流报告。由于参加访问团的人员来自全国各地，因此办理手续的任务非常繁重，需要大量的联络工作。在办理手续的过程中，上海市精神卫生中心的李虹副主任护师是非常认真负责的，自始至终均能做好这项工作。

第十六个程序：出版内观疗法专著。

当前，有关内观疗法的知识已经被中国的医学教科书纳入（2011年上海教育科技出版社出版的《精神病学》）。2011年，人民卫生出版社和上海交通大学出版社连续出版了两册翻译自日本奈良女子大学真荣城辉明教授的专著:《内观之说》和《内观疗法》。两本书各20万字，全面、系统并学术性地介绍了内观疗法。2014年，甘肃省精神卫生中心的何蕊芳副院长（主任医师）出版了《点亮心灯》一书，系统地介绍了案例，内容丰富且翔实，是一本很好的专业性指导读物,同时也是国内出版的第一部内观疗法专著。近几年来，又出版了不少专著，此处不再罗列。

图5　2014年国内出版的第一部内观疗法专著

第十七个程序：最后感谢语。

由日本吉本伊信先生创造的内观疗法，经过26年的发展，在中国慢慢地发扬光大并广泛开展了。在这里要感谢以下各方面：

1.日本的内观学会、内观医学会两个组织的支持和关心。他们提供了人员、资料和研究经费支持。他们的学者全心全意地参与学术交流，每次来中国授课、交流时，差旅费和生活费都自己承担。他们是：真荣城辉明、榛木美惠子、榛木道晴、榛木久实、巽信夫、堀井茂男、三木善彦、久保千春、长山惠一、竹元隆洋、塚崎念、中村敬等。

2.中国心理卫生协会心理咨询和心理治疗专业委员会下属的内观疗法学组的成员，包括张海音、郄凤卿、李振涛、毛富强、路英智、管让成、何蕊芳、曲伟杰、朱广雨，以及上海市精神卫生中心的肖泽萍、徐鹤定、陈俊、南达元、李虹、潘令仪等。

3.此外，上海市各区精神卫生中心的有关人员，也都非常热心地支持和发展了内观疗法。在此，一起表示感谢。

第二章　内观的方法

第一节　内观与内省

日语中的“内观”一词来源于佛教，是指为了达到省悟所进行的“修行法”，内观（naikan）是一种思考方法。日语中“内观”的意思是：内省、观察我；“nai”的意思是内部的、里面的，而“kan”的意思是看，因此“naikan”的字面意思就是看内部，往里面看，也就是“观察我的内心”“了解我”“凝视内心中的自我”之意。内观借用佛学“观察自我内心”的方法，设置特定的程序进行“集中内省”，以达到自我精神修养或者治疗心理障碍的目的。因此，内观疗法又可以称作“观察我法”“洞察自我法”。真荣城辉明先生在参考了吉本伊信先生（1983年）和河合隼雄先生（1992年）的内观定义后总结归纳出的内观疗法定义为：

带着内心烦恼和痛苦的来访者，通过自身的内观体验，在精通内观的专家的帮助下，进行自我观察。此时，面谈者在屋内一角设立屏风，尽可能地提供一个可以屏蔽外界刺激的环境，内观者在一定时间内，集中精力深入“我”的内心，从过去到现在，从与他人的关系中，在“我”与他人之间产生的“我接受他人的”“我给予他人的”以及“我给他人添的麻烦”三个方面的问题上，进行冷静具体的回顾，也就是让内观者反复地回顾“我”的认识过程，在这样的过程中让来访者重新感受现在生活的幸福；这样的一种心理治疗方法被称为内观疗法。

吉本伊信先生曾经说过：“我不是第一个强调自我观察的人，其实古人很早就提出来了，许多哲人，就像释迦牟尼、苏格拉底也都曾强调过内省的重要性，我说的内观只是提出了一种特殊方法的内省。”中国文明在数千年前就非常重视对自我的观察与反思，在我国最重要的思想流派——儒家的经典著作《论语》的《学而》篇中，就借孔子传人曾子之口，讲出了“吾日三省吾身：为人谋而不忠乎？与朋友交而不信乎？传不习乎？”的著名论述。这段话中提到的需要每日反思的内容，分别对应了事业（为他人谋）、社会交往（与朋友交）、个体成长与道统传承（传），而这三项恰恰涵盖了儒家学者对“士”“君子”成长最为看重的个人修养（内在）与人生建树（外在），并分别提出了明确的价值判断与实践标准（忠、信、习）。曾子所言的“吾日三省吾身”，使用的是互文与约数的表达方式，强调的重点在经常性的、围绕最核心的个人价值与个人素养来进行的自我观察、自我反思，儒家希望通过不断的观察和反思来达到自我修正，最终趋于人格的完善与人生的完满。曾子作为儒家至关重要的人物，他的这种观点伴随着《论语》长久地影响和塑造了中国整体的道德建构方式和国民心灵的成长模式。自我观察与自我反思作为儒家重要的人格养成方式被长久地嵌入了我们民族的人格DNA中。

但是，内观又与我们常说的反省不同，反省是按自己惯用的思考方式进行回忆分析，带有个人的情感色彩，而内观是从外观转换到内观的思考方法。内观所指的观察自身，包括了自己意识到的体验和以往直接经历过的体验。这在心理学上是一个基本的研究方法，由实验人员对经过训练的被试者进行有目的、有具体内容的自身观察、自我探索引导，以了解其心理变化的特征和状态。而自我探索则是心理咨询师、心理治疗师在成长过程中最重要的因素，要帮助别人健全人格，首先要健全自己的人格。在下面的相关章节，我会谈到作为内观治疗师，其人格健全的重要性。

随着内观的发展，1965年日本对在医院的心因性疾病患者进行了内观治疗，同时也开始了有关内观的心理学研究。武田良二（1962年）总结了日本东北少年院的实践经验，详细分析了内观的结构和特征。竹内硬（1966年）反复做了自身实验，详细观察了内观的心理过程，认为内观时的人类特征与精神分析时的自我极为相似。三木善彦（1967年）则用心理测验评价内观前后的心理状态和心理机制。在精神科学领域中，洲胁宽等也开展了有关的研究，认为日本著名文学家石川啄木的作品《怀念母亲之歌》

与内观有着极为相似的特点。众所周知，在著名心理学家卡尔·荣格的《荣格自传：回忆·梦·思考》中，提到对母亲良好的印象引导他重视“母亲原理”，这与弗洛伊德的“父亲原理”相反；内观法正好与荣格的观点相同。荣格心理学也最注重“母亲原理”。著名的维兰特研究结果也提示：母亲对孩子幼年时的关爱影响孩子成人后的生活满意度、中年收入、老年痴呆的发生率等等方面；相对而言父亲的影响非常少。也有人将内观与催眠治疗一起应用，或与自主神经训练法合用，称之为内观分析疗法而用于患有酒精中毒、神经症的病人。在我们的内观中心，也有将内观和催眠联合应用的个案，在后面的相关章节会进行介绍。

图6　曾子画像

目前所使用的心理问卷测定、社会意识调查等方法，也是心理内观的一种。我们将内观法和躯体行为观察法结合起来开展对梦和心像的研究，以了解觉醒状态。我们内观研究室通过对梦境和脑电图的研究来评估内观的进展和疗效。

第二节　内观发生机制

一、自我发现

自我发现（自我洞察）是通过回顾和检讨自己历来在人际关系中的所作所为存在的问题并彻底领悟，从而比较自己对他人的冲撞和他人对自己的慈爱这两者之间的差异，不断洞察自我的存在和与他人的关系。通过洞察，找出自己和他人人际关系中好的一面，也就是说，对于自己在人际关系中所做的事站在对方的角度看，不断交流，并进行自我洞察、自我分析，以纠正个人在人际交往中的不良态度，改善自己的人格特征。

内观不是追问过去的过失，而是对自我进行观察、思考，站在对方的角度看自己过去的所作所为，发现内心深处的自我和自己曾经所熟悉的自我有着怎样的不同，这时自我开始转换并产生飞跃，认识到了过去的错误，彻底否定过去的自我，产生新的自我，就能体验到他人深切的爱。将以自我为中心的、利己的、对他人仇恨的心理转变成诚恳的、谦虚的心理状态，能使人们把焦虑、不满、对抗的情绪状态转变为愉快、诚恳、对他人有发自内心感谢的心理状态。按年代顺序进行回忆，对能回想起来的具体事件，站在对方的立场上来进行自我观察和分析，并做自我批判。通过这个治疗过程，能促使接受治疗者与他人之间产生共鸣，在情感上取得协调，与社会产生联接，从而改变心理活动中的不良状态。

通过内观得到的是站在对方立场上去思考的一种思维方式，这种思维方式能挖掘出人内心深处被遗忘的东西。以亲人无私的爱来感化内观者，内观者能达到自我调解、自我认识的目的，能对自己的人生进行重新评价和审视，能获得客观地看待自我的能力——精神分析中的超我。

根据我从事内观研究20多年的经验，我认为内观中的自我洞察是内观作用中很小的一部分，也是内观早期的作用。

2011年8月，榛木女士来兰州，我与她分享了我的内观经历，我说："在2003年我第一次去您那里，您在大阪给我上课的时候，在黑板上写了内观精髓‘扭转逆境’，那时的我还不能体会其中的含义，当时我只是认为内观是一种‘自我探索、洞察’的方法，是一种自责式的思考。甚至第二年我再次去日本研修完内观后，对内观作用的这种认识仍然没有深刻的变化。直到后来，我因为身体和家庭的原因曾经一度陷入困境，在内观的帮助下才从逆境中走了出来。随着内观临床实践的增多以及日常内观经验的积累，我才幡然开悟——内观是发现身边点点滴滴的爱，解脱心灵的羁绊，快乐地生活。”榛木老师听了我的话后开玩笑说：“你现在是内观的孩子了。”自我发现是内观最初的作用和目标，而最终的目标应该是“发现爱，让自己内心充满爱”。像三木善彦说的：“内观是浇灌心中的花朵。”

二、爱的发现

人只要活着，就无法不依靠别人完全单独地生活下去。一般人经常记得谁对他不好，比如只记得妈妈不在家饿肚子了，妈妈打他、不理解他……却忘记了从小到大妈妈长年累月为他准备一日三餐，一年一千零九十五次，十年超过一万次，仅仅因为母亲几次没有做饭，就被牢牢记住。人们记得的事是其期望落空的事，比如我想去打篮球，爸爸不让去，我想要山地车，妈妈没买，却没有考虑家里的经济状况，忘记了父母省吃俭用都是为了自己。

无论个人需求是否被满足，我们只要活着，就会与他人互动，就会产生“给予”与“接受”。亲人、朋友之间的“给予”与“接受”建立在亲情和友情的基础上，而亲情和友情产生的根源是“爱”。每个人都有“爱”的能力，只是有时候需要有人引导、开发。内观正是引导内观者对“给予”与“接受”进行彻底的省察，而感受、体会“爱”的需求，看到被“爱”的事实。

每个人每天都在经历“给予”与“接受”，只是很少有人去思考。比如：有些人一直认为自己做得最多，得到的却比别人少；有些人还认为父母对哥哥爱得更多一些……与一个常抱怨生活细节的人一起生活实在太累，我们经常会在家中或工作场合看到这样一些人，他们不愿反思自己的缺点、错误，而把失败归咎于他人，他们抱怨所有的事物，他们不能适应社会的主流，谁都不愿意与这样的人一起工作。相反地，一个母亲，往往从来不会计较儿女回报的比她付出的少，无论子女怎么抱怨，都不会因此减少一分对子女的爱。

在内观过程中感受“爱”最强烈的，莫过于发现“别人为我‘给予’（牺牲），而我却对别人造成伤害，尽管如此，别人仍然会宽恕我”。换言之，“自我牺牲”的宽恕才是人类最高的“爱”，因此，“爱”的发现，是内观发挥疗效的根源。

内观用最巧妙的切入点——别人为我做的那些事——引导内观者回忆被爱的事实。而这些只是内观的起步阶段：注意到别人为我所做的一切和别人对我的包容，我却一次又一次地用伤害他们来回报；或者是看到我所抱怨的事实的真相，并不是我以前所认为的那样。一旦发现这些被遗忘的“爱”，内观者的内心就会产生很大的震撼。

有一位由于家庭不和来做内观的来访者，在回忆起她的丈夫对她的抱怨笑着接受的那一刹那，感受到了丈夫对她像母亲一样的包容与爱，心目中丈夫的形象发生了变化，开始向正面发展。当人们明白对方的立场和感受后，自然而然地会站在“同理心”（对自身以外的他人保持有相同的情感、相同的思考能力）的立场上，在感受这一份被遗忘的爱的同时，内心会自然而然地升起悔恨和自责，这样就会放下潜意识中的防御。潜意识中的“自我相”消融，心中有了爱，才有能力接受更多的被爱的事实，内心的羁绊就会解开，就能走向开心快乐的生活。所以，内观进一步的目标是解脱心灵的羁绊，让人快乐地生活。

三、罪意识的体验和接纳

1943年吉本伊信在让28名女工做了内观体验后，发现人只要能自觉意识到“罪恶感”，精神生活就会有很大的改变。

但是，在以“耻感文化”为主导的日本，罪意识的唤醒是自我觉悟的开始，但在其他国家，却并不一定适用。2012年6月，我参加了在日本冈山举办的第35回日本内观疗法学术会议，会上奈良女子大学教授真荣城辉明与中国代表针对内观的第三个主题——“给别人添的麻烦”，进行了讨论。

日本学者的问题是：中国人在做内观的过程中，对“给别人添的麻烦”阻抗比较大，不愿意承认自己有罪。上海市精神卫生中心王祖承教授的观点则是：在中国文化中，“罪”字在历史上是一个比较明确的法律术语，如果让中国人在日常生活的点点滴滴中发现自己的“罪”，通常情况下比较难接受。因为在中国人的观念中，“罪”是一个最彻底、最完全的否定。一旦接受我有罪，会打破个人成长的连续性，出路有以下三个：一是毁灭重生，开悟、升华；二是破罐子破摔，心理退缩、弱化；三是接受惩罚、调节成长。中国是地球上唯一一个延续了几千年的文明古国，中国的历史自有文字记载以来从未间断过，哪怕只是一天；中国也是地球上从来没有消失过的一个国家，而地球上曾经存在过的其他文明古国都经历了消亡与重建，他们的历史中断过，甚至有些国家消亡以后再也没有出现。所以，中国的主流文化是改变、适应、继承，中庸之道是中华民族繁衍生息的最有力法宝。对中国人民来说，第三种出路是最普遍的，也是内观在帮助我国人民心理康复中可以达到的效果。当然，也会有一部分人愿意接受否定升华，但效果肯定不是普遍的。

那么在其他国家呢？不得而知。

还有一种说法是，内观疗法的罪恶感和一般所定义的罪恶感并不相同：一般认为的罪恶感，是来自防卫的罪恶感，或者是对于他人加诸我的束缚表示不满；而内观疗法则认为罪恶感是来自自私，也就是所谓的“我执”。

吉本伊信说，内观的目的在于祛除“我执”。要祛除“我执”，在内观上需要先察觉自己的“我执”状态。如果以内观自我省察的三个观点来说，就是要察觉到我得到别人的恩惠太多，却一直未注意及此，不但未感恩图报，反而给别人带去太多的麻烦，我的自我本位、放任、傲慢、匮乏体贴心正是这些罪恶的根源。

罪恶感的察觉在治疗上有何意义呢？这是内观疗法非常重要的一点。从心理治疗的观点可以归纳如下：

1.祛除拒绝改变的心态：接受心理治疗者同时有两种心理，一为企求改变的需求，二为害怕改变的心理。患者因内观而面对自我的丑陋与脆弱，抗拒改变的心理也会迅速消失。

2.对别人的恨意与不满的消失：敌意与不满的心理乃是认为“我是对的，是被害的，我有权利要求对方”的心态所导致的。因此，一旦了解到“我是错的，我太任性，并且是个加害者”，则怨恨与不满将无存在的余地。

不仅如此，还会对别人的恩惠产生感谢与喜悦的念头。

3.放弃虚伪的面具，寻回真正的自我：一旦对自我的丑陋有正确的认识，就能平心静气地接纳我及他人。

“罪”对中国人来说，接受太难。所以我认为不要用“罪意识”，而用“内疚感”可能更为贴切一些，其觉悟的作用不一定有显著的差异。我决定投身于内观事业，也是由于一次偶然的机会。在1997年我接触到内观疗法后，一直也没投入太多的精力在体验内观、学习内观上。转机发生在1998年年初，晚上睡觉前，我陪当时5岁的女儿在床上玩耍，也没有什么好玩的。于是我突然很好奇，如果给这么小的孩子做内观会有怎么样的效果？于是，我给女儿说：“咱们来做内观好不好？”女儿说：“什么是内观？”我说：“内观就是想想妈妈给你做的、你给妈妈做的……”她说：“好吧！”我说：“那咱们就开始，你先想想妈妈今天给你做了一些什么事？”她很认真，也很开心，几分钟想起了很多事情并告诉我。我说：“那你再想想今天你给妈妈做了什么？”她想了一会儿，没有正面回答我，而是说：“妈妈咱们睡吧，明天再做内观。”我问：“为什么呀？”她有点内疚地回答说：“今天妈妈为我做了那么多的事，我什么都没给妈妈做，明天我要为妈妈多做些事情，晚上就可以做内观了。”孩子当时的这句话让我很受触动，并且思考了许多，联想到了我每天的临床工作中和生活中碰到的许多因为独生子女的教育成长问题，来找我咨询、向我诉说、祈求我给予帮助的家长。

话说回来，对于一直捧在手心里长大的独生子女来说，改变不会那么容易。当时我想，独生子女，父母关注太多，总觉得我是“小皇上”，极度以自我为中心，没有感恩之心；而内观是一种简便易行的检查自我的方法，适用于大部分年龄段，如果应用到独生子女的成长、教育中，一定会对他们有所帮助。也是机缘吧！我开始下决心要将内观引入到学生的成长、教育中，在后文的个案中会重点介绍有关学生做内观的一些体验和感悟。

四、爱的重新体认与同理心和共同意识的建立

内观疗法除了要求去察觉个人的罪恶，同时也强调要去察觉他人的爱，爱的自觉在内观疗法上是一个很重要的因素。

（一）爱的重新体认

内观法的基本课题是“了解他人对我照顾多少，我又对这些人回报了多少”，即检讨过去到现在的具体事实，看是“给予”多还是“接受”多。过去的人生过程中“有哪些人关爱到我”或“别人为我做的事情”，有物质的、体力的，也有精神层面的。而在内观的过程中，感受爱最强烈的，莫过于洞察到“别人为我有献身、牺牲行为的爱，而我却对他们有伤害性行为，尽管如此，别人仍然宽恕我”。还是上面说的那句话“自我牺牲”的宽恕才是人类最高的爱。

从正面去内观他人的爱就能回忆过去我所遗忘的爱，并且去感受别人给予我的爱，因此，过去认为我未被爱而有被害意识者，一旦想起我被爱的事实，心里会受到很大的冲击，内观会加深。一个人到了这个境界，就会放弃对周遭人的偏见，熔为一炉，称为“人我一体感”。

（二）同理心和共同意识的建立

当很亲近的人说出感谢意思的话时，我们常说“别见外”。可见我们往往把自己和他人的关系分为和亲人一样的人（包括亲近的人）与陌生人，足够亲近，就会像看待亲人那样看待彼此，人们的“亲人”意识并非固定的，而是相对流动的。内观法引导我们去发现过去我认为“亲人”与“我”是一体的感觉原来是单向的、不切实际的，把“亲人”和“我”分开，将其当作一个陌生人去观察，即把别人当作一个独立的人格去看待，去回想他们所施予的爱与关怀。换言之，内观法是要打破过去模糊不清、未分化的“人我一体感”。内观越深，则人际关系的界线也越明确而有分寸。

卡尔·罗杰斯的咨商理论就强调了同理心的重要性，内观疗法强调的也是同理心。当内观者在进行内观的过程中始终无法摆脱以自我中心的时候，指导者会指示他思考“对方做这件事情的时候，他的心情如何?”“你这样做，对方会有怎样的感受?”等等。因此，随着内观的进展，内观者可以发现过去太固执己见的自己，可以从共鸣的立场去了解对方。“共鸣的了解”就是站在对方的立场去看，此即同理心。

同理心是共同意识的基础，共同意识即我和别人的连带感。人的存在是透过共鸣的过去产生连带感，一旦失去连带感就会产生空虚与孤独的疏离感。从内观疗法的观点去看，内观带动以爱为基础的同理心，使内观者与他人产生连带意识，最后克服存在的空虚与孤独。

你可能也以这样的方式思考过问题吧?

有一次医院招聘会上，我听到了这样一个故事。一位科室主任说："重要因素是个性，一位没有协作素质的人会引起麻烦，并且与这样的人一起工作很困难。"有人附和道："我赞同这种说法，没有合作素质的人就是'他我'，他不明白就是因为他这样的素质，我们正处在麻烦中。"我们容易忽视身边的一些重要事情，我们经常忽视自己的缺点。

人对于自己不喜欢的人，无论那个人对我们多么好，仍然会主观地认定，他没有为我做任何事情。因此，人们会无意识地将已经发生的事，做对自己有利的合理化解释或说明，也就是说，忽略对自己不利的一面，只承认对自己有利的一面。这样就很容易将所有的错怪罪于别人，或者落入自我同情的陷阱——我总是受害者。

有这样一对母子来找我，由于孩子（男，12岁，上小学6年级）没有上进心，没有朋友，当孩子告诉母亲自己内心很孤独时，母亲非常难过，于是来找我咨询。孩子说："妈妈确实对我非常好，但是我还是很孤独，因为同学们都不和我玩。"母亲说孩子是她的全部，她是一个全职太太，全心全意带孩子，她为孩子做得实在太多了，没想到孩子会是这样的。当我建议母亲做内观治疗时，母亲说："这对我有什么用呢？我要解决的是孩子的问题。"经过比较艰难的沟通，这位母亲同意了我的建议，决定做内观治疗。在内观治疗期间她察觉到："我确实为儿子做了很多。但是，儿子在成长的过程中也受到了我许多的限制：怕孩子弄脏衣物，不带他出去在野外玩耍；不让他和我认为不好的小伙伴玩耍；一味地给他吃我认为有营养的食品，孩子不喜欢吃，就慢慢地哄骗他吃下去。而我一直以为这些行为是为孩子好。作为母亲，我一直在想办法满足儿子的需要，这是事实，却没有去想儿子真正想要的是什么，这也是事实。"

所以，内观就是对已经发生的事实进行实际的审查，这有益于自我的重塑。我经常给我的学生讲："你们不但要记住'己所不欲，勿施于人'，也一定要记住'己之所欲，勿施于人'。我们经常遇到的最简单的一件事，就是你把你最爱吃、舍不得吃的东西留给别人，对别人来说一定也是他最爱吃的吗?”对方不想要的，我出于好意要给予，这也是“我为别人做的”吗?

（三）内观机制与宗教

内观来源于佛教净土宗的一派，探索内观的机制，有必要从它的源头去寻找。凡是生而为人，必然有人的问题，不因种族、国籍、性别、年龄、背景、时空等而有所不同。问题出在方寸之间，妄想执念衍生心理、身体、情绪等事端。根治之道“治心为主”，治疗的力量不是来自外物，而是出于内心。一切生命的主要本质是心，心的本性是清净、安详、圆满的，心就是佛，心只要不受外界环境和情绪的压力，就可以变得更安详、开放、睿智、空灵。心的真正性质是安详的，借着学习如何放下不必要的忧虑和痛苦，我们让喜悦有机会闪烁。情绪是可以转化的，喜悦不仅唾手可得，更是我们的权利，我们不应该让忧虑宰割。心，具备治疗痛苦和创造喜悦的力量，这是佛教的教义。内观来源于佛教，如果我们回到佛教的环境设置和教义，也许就能够找到内观的治愈机制。

早期佛教的内观认为“无明”是神经症的根源。“无明”是佛教术语，是说神经质症状是来自欲望太大，过分执迷而拘泥于此的欲望。此执迷与拘泥乃是由于不了解一切是空，一切是无我的“无知之无明”（迷惑）而引起的。因此，神经症的根源是欲望，而欲望的根源是“无明”。内观认为只要“无明”消失，欲望将转为“欲生”，神经症就可以治愈。禅师白隐也用内观帮助过很多神经症的病人。内观疗法以欲望为神经症的根源，这种观点与现代精神医学的理念不谋而合。

只有拥有更广阔的心才能产生更大的力量。如果生活以自我为中心的心理为出发点，就会造成内心与周围联系的断裂，其破坏力量是巨大的，必定会让自我消失或者失去意义。只有和其他人联接起来才会在相互容许和认可的环境里过上更快乐的生活。

今天我将从内观的设置和对治疗师的要求等方面进行阐述：

一、治疗室的设置

在咨询过程中成功的第一步就是建立良好的信任关系。首先要消除患者的阻抗，与患者产生共情和移情，才可以一起工作解决问题。在日常心理治疗工作中，几乎所有的医患都要经过这样一个过程。第一阶段建立良好的信任关系，需要3～5次交流。在日常生活中，我们遇到坎，有些时候会从宗教那里寻找安慰和答案，无论是教堂还是佛堂，建筑本身是一种暗示，给人一种依赖和天然共情的场。但是在寺庙和教堂我们倾诉的对象有所不同，因为佛只是“像”而已，不会说话，只会倾听，可以做到无条件的尊重和接纳，所以寺庙是最好的共情场所。对于信众来说，走进佛堂心就会放下戒备、会自然打开，只要心足够开放，就可以放下“我执”，就可以使我们从懊恼的心理或情绪压力和情境中解脱。安详就在我们的身体之内，做内观就可以发现，不必往外寻找。如果我们模拟佛堂的环境，就可以迅速地建立相互信赖的医患关系，消除阻抗，大大降低治疗成本，减少费用、节约双方时间。

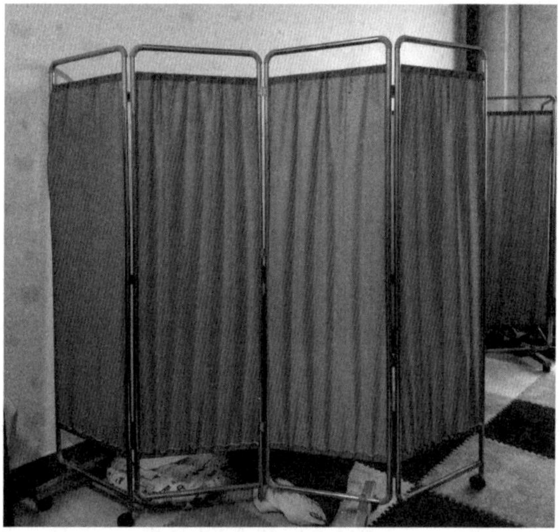

图7　内观疗法过程中的屏风

1.屏风：内观疗法中的屏风，营造了一种与日常生活不一样的环境。屏风又从形式上隔绝了现实生活的嘈杂，给了人一种安全而踏实的感觉。

2.地毯：坐在绵软的地毯上，对中国人来说，是一种在日常生活中很少见的姿势，可能只有在小时候玩耍时才会这样做。这样的设置给了患者一种暗示：您可以随意放松，可以把身体完全放松下来，可以随时打开自己。

图8　面接中的来访者和内观治疗师的姿势

3. 内观服：强化治疗意识，我是有问题来找医生寻求帮助的。

图9　身着内观服的内观者

二、对治疗师的要求

1.脱鞋：脱鞋对医生来说是一种仪式感，谦卑地走在绵软的地毯上提醒自己，将要去面对一颗被懊恼和焦虑遮蔽的清净、安详、圆满的心；要用你敬畏的、诚惶诚恐的诚心，唤醒患者烦恼后面的那个“佛”。

2.跪或盘腿而坐：如果说屏风和地毯只是开胃菜，有一部分患者虽然来到了内观治疗室，但是并没有准备完全放下防御，准备把自己交给医生。当医生跪在他面前，阻抗会很快消失。患者一般会放下，完全地打开自己，愿意和你一起工作，战胜目前的困难。

3.共情：和佛一样倾听。让患者进一步打开。

4.面接内容：我们是这样设置的，前两天去掉给别人添的麻烦，只做前两个题目，等到来访者摸索到了内观方法时，再加上第三个题目。内观是从日常切入，目标是从负面走向正面，去欣赏我们有能力做的事，而不是懊恼还没有做的事。如果一开始就加上“给别人添的麻烦”这一主题，会让患者容易懊恼，走向负面，不利于康复。

佛教的核心训练是如何放下“我执”，因为一切心身疾病的根源是对我的执着，佛教理论认为人心具备治疗痛苦和创造喜悦的力量。佛教认为，众生的本性就是佛，但本性被烦恼所遮蔽了，当烦恼净化之后，众生就是佛。“我执”是妄想和烦恼的根源，是暴力、恐惧、痛苦之因。让心静下来，就可以看到情境的积极面，而不屈服于消极面，这样才能了解事物的本相。学习如何维持和欣赏我们有能力做的事，而不是懊恼还没有做的事，安详就在我们自身之内，不必往外寻找，这就是内观。

无杂念的心是安宁的、是愉悦的、不痛苦的。放下我们生活中不必要的紧张，问题如果有解决的方法，就全力以赴去做，如果没有“解”，就不要燃烧自己，而应用禅修或者内观的方法来放松自己。

内观疗法是检查自己的历史，站在现在的时间段和旁观者的立场来检查你过往的体验、经历和所作所为。这样你将会有新的发现，能看清事情的本来面目。如果把自己的不幸归咎于别人，暂时会觉得好一些，但将来会带来更大的痛苦和混乱。坦然地接受痛苦和问题，把它当做生活的一部分，不怨天尤人地接受痛苦和问题，是内观治疗的转折点。真荣城认为用回忆过去的方法来解决现在的困惑，就像疲惫的人听到“乡音”，能补充能力。耶鲁大学外科医生Bernie Siegel认为禅修可以降低BP、P、H，降低血液中的压力荷尔蒙而改变脑波模式，减低兴奋性。屏风的意义是保证心不受环境和情绪的压力，这样心就会变得安详、开放、睿智和灵空。面接时的跪姿在瞬间建立了良好的医患关系，让患者放下阻抗，打开心扉，唤醒了患者心中的“佛”。如果把不幸归咎于别人，可能暂时会觉得好受一点，但将来会带来更大的痛苦和混乱。围绕三个主题，不怨天尤人地去接受，才是真正治疗的转折点，也就是佛说的治疗力量。

小结：佛教有八正道，意即达到佛教最高理想境地（涅槃）的八种方法和途径：①正见。正确体见诸法之理性而不谬误，亦即坚持佛教四圣谛的真理；②正思维。又称正志，思四谛理，离诸杂念。③正语。正确的话语，说话应该诚实可靠，不说谎。说话要符合佛陀的教导，不说妄语、绮语、恶口、两舌等违背佛陀教导的话。④正业。正确的行为。一切行为都要符合佛陀的教导，不作杀生、偷盗、邪淫等恶行。⑤正命。过符合佛陀教导的正当生活。⑥正精进。精进意味着燃烧掉烦恼习气，而非时间多少。⑦正念。觉知：学会觉知自己。⑧正定。禅定分为两种，第一种，心是“一”，所缘是“一”，心与所缘在一起，然后禅定次第生起。重点放在所缘。第二种，心与所缘是分离的，心执行的职责是知者、观者。（这样的禅定仅仅存在于佛教。）重点在于及时知道“心跑掉”。真正进入中道的心有正确的禅定——也就是第二种禅定，那是有觉性的心在觉知自己，是觉知、觉醒、喜悦的，没有迷失且毫无刻意的打压或紧盯。事实上，每种禅法都是一样的——如果心正确，修什么都正确；如果心是错的，修什么都是错的。学法者如果一开始就做手部动作、观感受、观呼吸，只有微乎其微的人才能修行正确。如果没有佛陀的福报和波罗密，没有前生修行的深厚根基，心从未正确过，不可能有做到正确修行的一天。快乐是第一种禅定生起的近因，关键在于选择的所缘能让心产生快乐。第二种禅定的近因是及时知道心的跑掉。内观涉及八正里面的四正，即正语、正业、正念、正定。说谎内容的检查，主要对应的是正语，而偷盗内容的检查主要对应的是正业。在做内观治疗时，根据目前社会的现状可以将杀生改为虐待动物。正念对应在内观中治疗师的态度和内观者的行为，这些都需要正念练习。正定是完成内观的根本。

三、内观的康复机制

（一）重新体验生活

1.重温爱，出现基本真实的感受；

2.重温内疚的感受，意识到以自我为中心；

3.生命意义的重新构建。

（二）自我形象和他人形象的提升

1.意识到并接受客观的自身形象和他人形象；

2.对父母与子女之间、夫妻之间、同伴之间团结一致的感悟。

（三）获得的不同观点

1.多边的理解；

2.多层次的理解；

3.对过去的理解。

按照内观治疗的程序，回顾对方给自己的关照，使内观者重温被爱的感情体验，唤起内观者的自信、责任感、受恩要报的义务感。回顾自己给对方添的麻烦，唤起内观者的羞愧感、非病理性罪感（在日本这种罪感体验和认识是针对“我侵害了人们之间已经确立的关系准则和秩序”的）。

以上两类感情互为表里，加剧了内观者的情感活动，从而为破坏原来的认知框架创造了基础。通过内观，内观者爱他人的社会性意向、重建自我形象的意向、改进人际关系的意向均会提高，这对革新自我有重大意义。把遗忘的、混乱的、杂乱无章的经历，按照题目回忆整理，以达到自我洞察和理解他人的目的，最终建立新的关系和新的生活。

第三节　内观的分类

根据内观的方式可分为集中内观、分散内观、记录内观、通信内观、网络（远程）内观、行动内观、身体内观等。这里主要介绍一下我们内观治疗室常用的一些内观类型。

一、集中内观

连续7天，每天从早上7:00至下午9:00，共14小时。治疗者每隔1.5小时左右对内观者做一次指导，每次3～5分钟，间隔时间不能大于2小时。指导内容为要点性地询问一下“你刚才思考了什么事”“有什么主要想法”，然后予以适当鼓励，再指导下一步应考虑哪些事，使被治疗者有一个明确的内观方向。一般情况下，在内观中心经常采用集中内观。

二、分散内观（日常内观、简易内观）

2020年年初突如其来的新冠疫情给人们的生活方式带来了巨大冲击，疫情下各种心理问题和情绪行为症状也随之而来。在这场新冠肺炎疫情阻击战中，患者的心理康复需要一个过程，病亡者家属也需要心理疏导，很多居家的居民时间长了也会产生各种心理问题，他们的心理健康应该得到重视，采取切实有效的方法加强心理疏导工作非常重要。

天津医科大学精神卫生与心理学系主任毛富强教授提出了“居家内观”的概念，并在很短的时间内编写了《心理防护 平安居家——居家内观操作手册》，为心理抗疫提供了一种简便可行的心理学方法，此书已于2020年4月由北京大学医学出版社出版。内观疗法的设置，非常适合防疫要求的居家隔离，开展自我式的“居家内观”训练，既能缓解疫情引发的各类心理症状，又能提高自身的心理状态。

开展家庭“简易内观体验”的具体准备：

1.先在家中安排一个安静的角落（或阳台、小房间），找一张靠背椅，舒适地静坐。关上门，杜绝其他声音的干扰。

2.安排好自己的时间，做完家务事后开展。时间为上午9时至11时或下午2时至4时。在上述时间范围内，抽取上午或下午的1小时，作为自己的内观体验时间。

3.可以单独做，也可以和家人一起做。但在体验时，不宜相互交谈，也不应看手机、看报纸、接听电话。

4.每天1次或2次（每次1小时），可以连续3天、连续5天或7天。总时间越长，效果越好。正规的内观体验总时间要达到100小时，我们的简易内观体验时间是14小时、10小时、6小时或3小时。

5.做体验时，要有恒心，切勿虎头蛇尾，这也是锻炼耐心、恒心及意志的时机。

开展家庭“简易内观体验”的具体方法：

1.内观体验的对象：以最接近自身的对象为中心，再逐渐扩大。具体是先从家庭成员开始，再扩大到学校、单位人员，尤其应该从与自己最有冲突的人员先开始。

青少年先内观母亲，再内观父亲，再到兄弟姐妹，后到祖父母（或外祖父母）等，范围逐渐扩展。然后再从学校老师、亲戚等方面进行内观。尤其应该与自己有利害关系的、有过冲突的对象先开始。中青年应先从配偶着手，再到母亲、父亲、兄弟姐妹。中年以上的人则按照配偶、母亲、父亲的顺序依次扩展。

2.制定一个开展“简易内观体验”的进度计划：在每一个小时内，规定好对某个对象做内观，并围绕“三个项目”进行。

“三个项目”是日本内观创始人吉本伊信通过长时间的探索后找出的规律，也与净土真宗有一定的关系。体验时，应静静地回顾自己过去一系列时期中的情况，从小到大，从过去到现在，比如说对母亲的内观回顾应围绕“她给了我哪些关爱？”“我给了她多少回报？”“我给她添了多少麻烦？”这三个项目进行系统的回顾。

进行时，应仔细回顾，从当时处境、对方具体表现等着手，不要放过细节，不宜粗枝大叶。如果坐下来后，内心静不下来，东想西想，心猿意马，难以定神，则应使自己专心静坐，通过深呼吸将意念集中，慢慢地进入专心思考的状态，当内心安静时，做内观体验的效果就会出来了。

3.当对某一对象的内观结束后，再考虑下一个对象。从最亲近的人开始，先母亲，再父亲，逐渐扩展范围。

4.在每一小时内，尽可能地对一个固定对象做一个项目的某个时间段的内观。因为年长日久，有许多内容往往早已忘记，但反复回忆后，是能够想得起来的。

5.当回忆起已被自己忘掉的、不经意的往事时，往往会使自己有恍然大悟、大梦初醒的感觉，并伴会有内疚感和自责感。也会因为自己当时没有用爱心去体验对方、认识对方而惶恐不已、惭愧不已，从而会产生自责、内疚、悔恨的复杂心情，这表明内观体验有起色了。

当把“三个项目”作为连续内观体验进行时，就会使自己的情绪产生波动，会有焦虑不安的反应，继而就会有要悔改的、惭愧的、努力向上的心情产生，同时也会对内观对象产生尊敬感、崇拜感和荣誉感，这样就会出现“高峰体验”。“高峰体验”可以净化人的心灵，起着荡涤沉渣、去污除垢的作用，从而调整对他人的认知，完善自己人格，进而产生“感恩感和回报爱”，这就是内观治疗的目标。

6.反复做内观体验，就会持续产生自律、自强、自尊的心理，达到慎独、慎处的状态。简而言之，内观使人格自我完善，使心胸开阔，使人做到严于律己、宽以待人。

每次“简易内观体验”结束后，应做好有关的收尾事：

每天做“简易内观体验”，花时1～2小时。体验结束后，会产生一种减压心理，会有愉悦的心情和舒畅的感觉。为了保持这种状态，应做好笔记，笔记包括每次对内观对象的回顾状态、时间段和主要内容等。记录保存可强化自己的心理状态，起到调整的作用。

开展内观体验有利于我们调整人际关系：

每个人在成长过程中，都会受到家庭、社会各方面大大小小的压力，其中有正性的，也有负性的。但留下的印象以负性为多。当然，有许多负性压力会成为今后成长的动力，但也可能成为成长的阻力，最后导致情绪改变、认知偏差、人格难以完善。

内观法（对正常人而言）和内观疗法（对心理障碍者而言）是调整错误认知和情绪障碍，从而调整人际关系的一种方法。疫情常态化，我们正好可以利用在家里休息的时间，安排时间尝试开展自我“简易内观体验”。

三、记录内观

每天用写日记的方式进行内观，方式同日常内观，依序对周围的人依生命的时间轴进行内观，或对每天接触的人进行内观。然后，定期给指导者上交内观报告。一般而言最好在有了集中内观的基础后，再进行日常内观或记录内观。

四、通信（远程）内观

用通信的方式进行内观治疗和指导。针对时间不容许、两地距离太远的内观者，可以用通信的方式进行内观治疗，最好在有了集中内观的基础后进行。可以将每天的内观内容收集起来进行整理，用通信的方式，请指导师给予指导，发电子邮件、QQ留言、微信消息等都可以。内容同日常内观，依序对周围的人，依生命的时间轴进行内观，或对每天接触的人进行内观。

五、渐进内观

医院实施内观疗法，其拘束性对治疗效果有影响。因为吉本伊信模式的内观疗法拘束性太强，医院实施起来较为困难，于是就有了渐进内观的产生。渐进内观是随着内观的过程逐渐增加每天的内观时间，增强整体的拘束性，这种改良式内观疗法不但容易导入，治疗效果也相当理想。

六、身体内观

针对身体的某个器官进行内观治疗。比如，如果胃一直不舒服，就去思考“胃为你做的”（自出生以来，一刻不停地在为你工作，无论你在休息、工作还是睡觉）、“你为胃做的”（它饿的时候你给它喜欢的食物）、“你给胃添的麻烦”（过量的食物给它增加负担，吃胃不能承受的辛辣刺激食物，抽烟等，甚至故意伤害它）。身体内观可以是专门针对某器官，也可以是集中内观的一项内容，对当下人们的健康生活有很大的帮助。

七、团体内观（对话内观）

团体内观是将内观治疗引入到团体治疗中，成为团体治疗任务的一部分。我们在2006年开始将内观应用到天水一中的学生团体中，具体内容在后文有关学生内观治疗和少管所内观治疗的章节中会重点提到。目前我没有查到国内外的相关报道。

基本方法和结构大致与团体治疗一致，都是组织带着相同问题和苦恼的同质或异质的一群人同时开始做内观，一般不超过20人，根据其成长的轨迹，给大家一个统一的话题。比如，“在接下来的1个小时里，每个人都回忆初中时期与同学之间的事”，或者“在接下来的1个小时里，每个人都回忆过去的一年与家人之间的事”。团体成员之间以及团体成员与团体领导者之间进行交流，相互讨论，自然而然地回到“我为别人做的”“别人为我做的”“我给别人添的麻烦”上。一旦涉及人际关系，许多人就会联想到这三个内观主题。

第四节　内观的适应证和目标

内观疗法简便易行，听过内观疗法讲座的人，都想体验一下内观。除了特殊精神疾病（如精神分裂症等）患者以外，只要具有清楚的表达能力，从七岁孩童到百岁老人，大部分人都可以做内观。因为内观的三个主题，“别人为我做的”“我为别人做的”“我给别人添的麻烦”相当具体明确、简单，不需要特殊训练。任何人都需要做内观，因为它是一种自我修炼的方法。

内观经过有心理问题和心理健康的人们的不断实践，现在已经有了几个不同的发展方向。

一、心理训练

对于以完善自我、了解自我为目标的人，内观是一种自我心理训练的方法。换句话说，内观对那些拥有健全心理和身体的人（如学生、教师、医生、护士、商人、家庭主妇等）在自我完善的过程中能起到指导作用。

二、心理治疗

对于那些有心理问题需要解决的人（少年犯、成人罪犯、家庭不和者、酒依赖者、逃学者、进食障碍者、神经症患者以及其他各种心理问题的人）来说，内观是一种行之有效的心理治疗方法。

事实上，在内观治疗中心，我们接待的求助者中，以自我完善为目的的人和以解决心理问题为目的的人都存在。正是这种实际效果的影响，在日本，不同人群都会参加日本内观社团，而这个社团也远大于其他社团，因为医生、护士、律师、教育者、辅导教练、商业主管等均参与其中。通过大量实践证明，内观在心理治疗和了解、探索自我两方面均有重要意义。

了解自我对学生、教师、医生、护士、商人、职员、家庭主妇等均适用，尤其对解决独生子女的以自我为中心的问题效果显著。

内观疗法作为心理疗法应用的对象是精神心理有问题的人，如夫妻关系不洽者、少年犯、有反社会行为者、逃学者、神经症患者、酒精依赖者、抑郁症患者、患有其他心身疾病以及其他有各种心理困扰的人。

内观疗法在医疗上，可以应用于不同年龄、不同性别、不同问题、不同症状的患者。

三、可以开展内观的地方

1. 学校心理咨询室；
2. 综合医院心理科，精神专科医院；
3. 戒毒所；
4. 企事业单位；
5. 纪检监察单位；
6. 监狱。

四、医院引入内观疗法有以下几个趋势

1. 在设备方面，由团体房间到个别房间，再到专用病房。

目前我们医院已有内观疗法专用治疗室。这样的改变是随着医院决策层对内观疗法的认识、接受过程而发展的。内观在我国属于比较新的学科，许多医生都不了解，要引进，投入越少越容易。随着对内观的进一步了解，医务人员有了共识，才会向更加专业化的方向发展。

2. 在时间方面，由短时间的治疗趋于长时间的治疗。

我国在引入内观治疗的时候，由于治疗师本身对内观的理解不够深入，认为只要按照内观的三项目去做就可以了，一天一小时，持续时间长一些。

其实这种改良的内观治疗达到的效果是非常有限的，对防御性很强的内观者的作用尤其值得商榷。

我认为完全改变原法的设置，是很不聪明的做法，原法中包含了放松、入境、共情、接纳等心理咨询的各种技术，这些技术是引导内观者进入内观状态不可或缺的因素。如果没有了这些，内观者挖掘出潜意识下的自我获得重生就更加艰难。我认为一切改良形式的内观均应该作为内观者在集中内观之后的补充。

3. 在增强动机方面，已渐趋于系统化。后面会详细介绍。

4. 在指导者方面，由原来的一至两人向多数化发展，再发展为团体化，目前已有专职者。

这一点，与王祖承教授和天津医科大学等各培训基地、各位督导师的不懈努力是分不开的。他们持续不断地培养了许多内观师资，使我国的内观治疗师队伍日趋强大。

5. 在辅导员方面，不断有辅导员的研习、研究会举办以提高其专业技能。

6. 内观疗法一旦成为医院心理治疗的制度，整个医院的治疗结构也会发生改变。

7. 面向社会，接纳一般内观者。

医院有其独特的资源优势。特别是在我国，老百姓有这样的共识：有心理问题就应该去医院，因为医院是最正规、最专业的机构。而各省的精神卫生中心承担着全省的精神卫生公共服务任务，让全省人民心理健康、生活和谐是他们的义务。

8. 对于治疗效果提升的期待已成为医疗小组的共同愿望。

9. 对于内观疗法的治疗效果的研究、调查机制的探讨受到了重视。

10. 产生了渐进内观。

第五节　内观的实际操作过程

在内观治疗中，将前来求助或体验内观的人称为内观者，将内观中心的医生或指导者称为内观咨询师或内观治疗师，日本也称之为劝告者或面接者。内观的具体步骤和要求如下：

一、实施条件

在安静的环境中，内观者采取舒适的坐姿，从早上7:00至下午9:00，根据给出的题目专心致志地思考，持续一周。为什么要持续一周时间呢？因为前三天许多人还在摸索当中。最好是持续十天，因为很多内观者在第六、第七天时才熟悉内观，正要进入真正的内观审查时却要离开。

内观在日本，一般的内观中心有十几间房，在每一个房间的每一个角落，都有一个屏风，屏风隔断了外界的一切刺激，内观者坐在屏风里面，便于自我观察。男性和女性内观者一般在不同的房间，一个房间可同时容纳四人进行集中内观。如果是母女、父子、同学，房间也要分开。但是如果是儿童，睡觉时可以和母亲在一起。

内观中心的工作人员会将三餐送到屏风里，进餐后，内观者只需将餐具送到屏风外就可以了。日本的内观者晚上也在自己的内观室就寝，但这点在我国就不适用，我国的内观者都有专门的病房用来睡觉。内观者从早上7:00至下午9:00，坐在一个屏风后面，一直进行认认真真的自我观察。

在训练中心，内观者与其日常工作学习是绝缘的，中心提供了一个相对私人的环境，一个人可以安全地独自居处，切断日常生活的刺激使人能够更深地进入自己的内心世界。

内观者严禁与同一内观室的人说话，严禁看电视、听收音机、看报纸、接听电话、收发电子邮件、外出。原则上除去洗浴和排泄，以及早上打扫卫生外，内观者都不能走出屏风。在报到时，内观治疗师会说明切断对外联络的必要性，并让内观者将手机和贵重物品交由内观研修室代为保管。

内观期间，内观者不能用笔记录个人的内观，其目的是使内观者在内观期间，不断重复地去回想、省查过去的种种，当指导者来面谈时，内观者在叙述过去事实的同时，会产生一种回到过去时空般的真实。

一周的具体日程：周日下午2:00开始情况介绍，让前来内观者了解做内观的目的，对内观方法进行解释说明，也会对训练中心的生活做一定的描述。然后，内观者走进自己的房间，做一些内容丰富的问卷，开始内观。周一到周五，内观者全天都做内观。周六则从早上7:30到8:30进行面谈，这是一次亲密的讨论，内观者与内观治疗师讨论内观的经历感受，再次填写问卷。在晚上9:00左右，内观者离开中心。

由于一些人无法抽出一个礼拜的时间，根据个人的时间安排，还有一些短期的内观。

二、每日的安排

在清晨柔软安和的音乐声中，内观者于早上7:00醒来，在完成洗漱之后，从早上7:30开始做内观。晚上9:00，内观者做完了内观，留下内观训练日记，然后上床睡觉。

每1～2小时，由一名内观治疗师来到内观者的房间，对其进行3～5分钟的咨询，一天当中内观者接受这样的咨询8～10次。

早上8:00左右是早餐时间，正午时间吃午饭，晚饭在晚上6:00左右。在训练中心，内观者之间并不能相互介绍与交谈，当然前面说了，内观者不可以收看电视，不可以收听录音机（广播、音乐）。除非是紧急情况，否则内观者也不可以使用电话，所有的时间都得安静地呆在内观治疗室里做内观。

在我国，内观治疗室的布局不尽相同，有的在病房的角落里隔离出一块地方，有的是整个房间隔出许多小间。总之，选择一个相对能隔断外界刺激的环境作为内观治疗室就可以了。需要注意的是，内观室与卧室不能相距太远，这样就能避免内观者在去卧室的过程中受到外界的刺激而分散注意力，我们内观中心的治疗室在卧室隔壁。

三、治疗环境的意义

1. 内观者可以安静地观察自身，摆脱日常生活的嘈杂。

2. 内观者可以客观地观察自身和他人，因为内观者已经脱离了日常的人际关系。

3.内观者全天候地集中做一周时间的内观，内观者的内心活动能力将被赋予新的力量，同时内观者的记忆力也将复苏，因此内观者可以以强烈的感情来重新体验生活。

4.在训练中心，内观者每天睡眠八小时，进餐三次，做完内观，还有洗浴时间，内观者过着一种很有规律极具条理性的生活。内观者精神与肉体的节拍、韵律将变得和谐，通过内观体验，内观者的心理状态将变得更稳固。由于训练中心具有保护性的气氛，坏胃口、失眠，还有僵硬的肩膀，都会通过一周的内观而消失。

四、屏风的意义

当内观者进入屏风后面并坐下时，整个咨询的气氛会一下子变得肃穆起来，屏风把日常生活转变成非日常生活，创造出了非日常生活的空间，也起到了保护内观者的作用。屏风把内观者从家务、工作、人际关系等烦琐的日常事务中解脱出来，使其能够在屏风里专心地观察自我。屏风乍一看会因空间窄小而有很憋闷的感觉，但是随着内观的深入，感觉就会大不相同。在屏风里静坐、入静会起到和药物一样的松弛作用。

图10 屏风

这里引用真荣城先生在他的著作《内观疗法》中提到的，韩国李大云先生在做内观时对屏风的体验：

“由于四周被包围起来了，所以里面完全隔离于外部世界。我虽然知道这一切就是为了专心致志地深入了解自我而所必需的，但是坐在只能看到天花板的屏风里才经过一分钟就会感到不舒畅而难以忍受，还担心我如何能坚持一个星期，是不是会在认识自我之前就要得精神病、会不会取得所期待的效果、会不会因受到没有宗教背景的咨询师影响而丧失我的信仰等各种杂念纷至沓来。同时还感到了身体上的痛苦。另外再一想，我特意从很远的地方专为内观而来，总要坚持一下吧！就决定闭上眼睛集中于内观。我以前睁开眼是为了看见外界，至少每天16小时进行的是外观。在这里正相反，是16小时要进行内观。迄今为止我的判断均源自外观，联想起批评别人的短处和缺点时，对我的行动却总是合理化。现在在内观中，我可以静静地回顾我的过去了。过了一两天后，内心平静下来了，仿佛看到一些往事了。原本感觉很狭窄的屏风，好像变得像海一样广阔，感觉能尽情游泳，能到达任何心里想去的地方。其中有我的生平、父母、妻子以及孩子们。出现了与迄今为止共同生活在一起的人们所经历的喜悦的事情、悲伤的事情、爱和恨，当然也有平和和焦虑的往事。”

的确，我们接待过的内观者中有相当一部分人，在内观临近结束的时候，主诉“还想暂时待在屏风里”，“这里好像是回到了母亲的怀抱里使人感到很安全”。还有人说：“这里好像回到了故乡的大山里，让我感到很踏实。”

有很多人有这样的经历：想家，不只是想家里的亲人，也会想念故乡的一草一木。我的一个老朋友曾经说过，她中学时候住校，非常想家时，不只是想家里的亲人，还会想院子里的一块石头、村头的一棵柳树。而我在经历了搬离故乡生活的体验后，也是深切地感受到了这一点。

最确切的表达应该是一个曾经做过内观的朋友所说的，他是这样思念他的故乡的：

“以前不顾一切地想要离开故乡，现在却朝思暮想地想念故乡，才过而立之年的我竟会有这样衰老的心理。故乡有什么好呢？贫穷、落后、闭塞、干旱、风沙、尘土，可这些无法成为我想念她的障碍，甚至有时，这些反而成为我想念她的理由。故乡是黄土高原上一座普通的县城，一条污浊而快要干涸的河流从山群中间流过，形成一个小盆地。县城也就拜河流所赐，建在了它的旁边。我自小生活的村庄就在县城边的半山坡上，我喜欢傍晚时分站在村边的土埂上，一眼望去，夕阳晚霞、群山绵延、炊烟袅袅，县城风光尽收眼底。

“那时的我年少轻狂，觉得眼前这片土地不能容纳我的雄心壮志，总是期待跨越对面的群山，去见识更大更美的风光。后来，我果真有机会离开故乡，到了外面更大更美的地方。外面的世界很精彩，外面的世界也很无奈，奋斗拼搏，成功失败，困惑迷茫，从不经世事时的轻狂无知到历经挫折后的逐渐成熟，心路历程由浮躁而逐渐淡定，对故乡的想念也越发地深沉而浓烈。故乡是什么？以前觉得，那是我出生成长的地方，是亲人生活的地方，是有儿时伙伴的地方。而现在才真切地感受到，故乡对我来说已经超越了以上种种意义。那是失败挫折时接纳我的一个港湾，是受伤痛苦时抚慰我的一张暖床，是成功顺利时让我清醒的一壶淡酒，是兴奋狂躁时让我冷静的一眼清泉。

“历经百转千回蓦然回首，忽然发现，我的根一直都在故乡，即使我走到天涯海角，根永远都在那里。无论我多么努力地想要离开故乡，却怎样也无法摆脱内心深处对她深切的依恋。这依恋深深地根植于厚重的黄土地，即便是祖母去世、父母来到身边之后，也无法消除这依恋。这种依恋已不再是针对具体的对象，它已经泛化成一种对整体环境甚至是气息的感觉。置身于故乡的环境中，连空气都是亲切的，而今，我甚至变态地想念故乡满天的尘土风沙。

“有位诗人说，所有故乡原本都是异乡，她只是我们祖先流浪的落脚点。而我想，当祖先的落脚点传承给子孙后，却成了子孙无法割舍的情感寄托。人是环境的产物，我生于斯长于斯，自然不可能没有故乡给予我的烙印。淳朴正直、诚实善良、顽固愚蠢、自私狭隘……我身上所有一切，好坏、善恶、优劣，统统皆是故乡所赐，它们铭刻于我的身心，是我之所以成为我的标签，无法剔除，很难改变。正如我是这样爱我又是这样恨我，我是那样爱故乡又是那样恨故乡。但无论是爱是恨，都无法让我忘却她、抛弃她，对她的感情似乎已经超越爱恨，而成为我生命的永久依赖。在她的山水间，我可以得到心灵的宁静；在她的空气里，我可以平复凌乱的心情；甚至，置身于她的尘土风沙中，也能让我体验出生活的艰辛与生命的顽强。当我在生活中迷失方向、彷徨失措，故乡会让我感到踏实而不再空虚，会给我慰藉而使我不再感觉孤独，会驱散天空的乌云让我看到阳光，她能让我战胜恐惧寻回自我，鼓起重新迎接人生挑战的勇气。”

正如真荣城先生说过的：“回到阔别的故乡，心理上就能产生特殊的治愈能力。”

故乡的山川就像母亲一样静静地矗立在那里，目睹了你成长的每时每刻，同时也无条件地接受了你的一切——爱恨情仇。也许这就是我们中国人经常把养育我们的大地比喻为母亲的心理学原理。中国有句古话叫“落叶归根”，在外面闯荡了一辈子，只有让躯体安置在见证自己成长的山川之间，灵魂与躯体才会完全统一地结合，真正意义上实现了上苍赋予个体的完整生命过程。我们中国文化中的落叶归根，是对我国道教思想“顺其自然”最好的诠释。

利用回忆过去的方法来治愈现在的困惑，就是内观。

当然，也有相反的情况，有一些内观者在屏风里一直感觉到“被关”“胸闷、不舒服”，是因为没有做好自我观察的思想准备而出现的阻抗。一个忘记故乡、不愿意提起自己故乡的人，是难以与之交流的。不要勉强自己，就像上面说到的我的朋友年少轻狂时不会去思念故乡一样，对此时的他来说，屏风已经失去了其在内观治疗中应有的意义。这些内观者可以等做好准备后再来做内观。

第六节　内观的主题

内观的独到之处在于检查你以及与你有重要关系的人，并将其焦点定格于以下三个主题：(1) 你得到了什么？(2) 你回报了什么？(3) 你引起了什么麻烦和问题？

在内观中，你首先要检查你与母亲的关系，围绕上面的三个主题，从出生到上小学之前、小学一至三年级、小学三至六年级、初中阶段、高中阶段……依据每个人的成长过程分为若干个阶段，每阶段最长不超过十年；对于青少年，则将时间的分段分得更细一些，可以一年，甚至一个学期为一阶段。

之所以首先思考你与母亲，是因为孩子与母亲之间的关系是他（她）

人际关系与性格形成的基础，同时在与母亲的关系中会发生许多事情。如果可能的话，尽量从你与母亲的关系开始。有些人因种种原因失去了他们的母亲，或者从小母亲不在身边，如果是这样，咨询师应该建议内观者由照顾他（她）的人（即顶替了母亲位置的人，或许是祖母，又或是父亲）开始。如果自小就受母亲的家暴，则先从父亲开始，或者从其他最亲近的人开始内观。在做对内观者母亲（或内观者母亲替代者）的内观时，应从记事起直到现在，或者是到这种关系终结的时间，如母亲（或母亲替代人）去世。审察我与母亲，是内观的基础，对于罪与爱的觉察，具有特别的深层意义。

对母亲的内观结束后，接下来是和内观者有密切关系的其他人：父亲、配偶、朋友、亲戚、同事等等。所谓“和内观者有密切关系的其他人”，指有代表性的、有明显利害冲突的人物，即在内观者生命中有重大意义的一些人，如父母、教师、配偶、上级等，从母亲开始，到父亲、配偶，再扩展到其他人，最后落在目前受困的关系人物中。

有一些内观者选出了与其关系最为紧密的人物，却怎么也想不起内观三项目，所以我们不要把焦点放在内观者所说的表面内容上，而是先接受内观者因想不起内观三项目而产生的焦虑情绪。咨询师可以这样问：“那么选择哪一位亲人更有可能让你静下心来想呢?”这是很重要的，尽管内观者所说的想不起来有可能是托词，指导者最好不要批评内观者，也许他对选择的人有阻抗。指导者最终的目的是减少阻抗，尽早将内观者引导到内观轨道上来。如果其对客体产生愤怒、怨恨等负面情绪，或者因其他原因让内观者产生阻抗的时候，需要临时进行咨询。

先以那三个主题为基础，按年代顺序检查这些关系，内观者将自己置于他人的立场，尝试着去收集具体、清晰的事实。内观者从记事起按年代顺序系统地回顾自己对上述范围人员的态度，以及上述范围人员对自己的态度，做一次深刻的情绪体验，挖掘出内心深处被遗忘的东西，以达到自我调解、自我认识的目的，对其人生进行重新评价和审视有重大意义。

一位内观者完成了这样一个大体的过程后，当他（她）回过头来再度审视关心他（她）的母亲时，他（她）会较第一次回顾得更多、更明确、更真实，这就是内观的精华。

除了这些主题，还有一个主题，就是抚养费的计算。让内观者计算其从出生一直到独立的所有花费。比如，食物开销、药品开销、教育开销和补贴等等，这些都属于“你得到的”。许多人会惊讶地发现，他们的父母在他们身上花费了如此多的钱财。

表1　抚养费计算表

生命轴	饮食	衣服	住房	交通	教育	医药	玩具	礼品	合计
	日/月/年	季/年	月/年	月/年	学期	季/年	月/年	季/年	
小学以前									
小学低年级									
小学高年级									
初中阶段									
高中阶段									
……									
合计									

最后一个内容是“说谎与偷盗”，这些属于“引起的麻烦与困难”这个话题。除过说谎，许多人一开始都认为他们从来没有偷过任何东西，但最后他们都由于认识到了自己龌龊和欺骗的经历而感到羞愧，这些话题给了我们一个重新去考虑我们留给他人印象的机会。

恳谈会：7天的内观结束以后，一般会有一个恳谈会，由治疗师组织来访者相互之间分享内观体验。内观者在恳谈会上可以对治疗环境设置提出意见，也可以与治疗师一起商讨后续的治疗计划。

图11　恳谈会

第七节　查房指导

指导者来到内观者各自的内观治疗室进行面对面式的交流，每1～2小时1次，每次3～5分钟，每天8～10次。

治疗师会问：“这一时间段你做了哪一方面的回想?”整个过程就是这样的，你必须尽你所能，回忆具体事例，你也要站在对方的立场上思考。当一位内观治疗师问你这样的一个问题：“你母亲给你做了些什么？或者你给母亲添了哪些麻烦?”你不应该如此回答：“我母亲给我做了许多事，我给母亲添了许多麻烦。”你必须寻找出具体事例。当你被问及从母亲那里得到了什么时，你可以这样回答：“当我感冒时，我母亲通宵看护着我；我去郊游，我母亲为我准备了丰盛的午餐。”当你被问及你所回报给母亲的东西时，你可以这样回答：“我能够记得的只是给母亲捶捶背，而我给她捶背，也总是要求回报的。”最终你也许会被问及给母亲添了些什么麻烦，你可以用以下方式回答：“我招惹弟弟妹妹使母亲生气；有一次，我还用石子打碎了邻居家窗户的玻璃。”也就是说，你回忆起来的和你所回答的都应该是具体的、生动的事例。

内观者没有必要将自我省察的全部内容告诉指导者，可以挑选其认为重要的内容来报告。

具体进行的过程如下：

指导者：“刚刚这段时间，你回顾了关于谁的事情？回顾了什么内容？是哪个年龄段的？”

内观者：“刚刚这段时间，我回顾了有关母亲的事情，从我记事起到上小学之前。”

“母亲为我做的事：记得小时候几乎每天刚吃完午饭，妈妈都会问：‘说说晚上想吃什么呢？妈妈给你准备。’现在我做母亲了，却很少有这样的耐心问孩子……”

“我为母亲做的事：几乎没有做过什么，只记得有一次给妈妈送了一次饭。”

“我给母亲添的麻烦：有一次爬山，感觉有点累，就让妈妈牵着走。我用力拉着妈妈的胳膊，妈妈也全力牵着我。记得当时妈妈背上的衣服全部被汗水湿透了。其实我完全能够自己爬上山去，可能比妈妈爬得还要轻松，当时，我却全然没有顾忌妈妈的感受，只是一味地索取……”

指导者：“谢谢你，请你再回顾一下你与母亲之间从小学一年级到小学三年级期间的关系。”

如果内观进展顺利的话，也可以将内容交给内观者自己决定，可以这样说：“谢谢！接下来的时间你要对谁，审查几岁到几岁的自我？”

内观者：“接下来的时间，我要对母亲，审查高中三年的我。”

指导者：“好，谢谢您！”

举一个与内观者之间谈话的例子：

指导者：“这段时间，你回顾了什么？是有关谁的？哪一个年龄段的？”

内观者：“我反思了我与敬爱的母亲之间，从记事起直到我小学三年级这段时间的事情。首先，我要谈谈我得到了什么。我的母亲抱着我的弟弟，牵着我每天步行20多分钟接送我上学。当我病了，她带我去医院看病，把弟弟放在邻居家，我可以想象这对她是何等的煎熬。”

“我对她的回报：当我为她做肩颈或背部按摩时，她感到十分愉悦。我也会帮助她缠线团，她经常给我织毛衣。”

“我引起的麻烦：我经常尿裤子，她帮我换掉衣裤，然后把我抱到她的床上去睡。她还帮我做衣服，但我经常抱怨衣服做得不够好。在当时我们家的经济条件很不好，因此她不得不非常节省，来满足我的要求，我想她度过了一段很艰难的岁月。”

指导者：“谢谢你！接下来，请你回顾你与母亲在小学三年级至小学六年级这段时间的事情。”

一、对内观治疗师的要求

内观治疗师应平静地倾听并接受内观者的讲述，甚至是一些包含着可怕经历的事，比如对母亲实施暴力。只要这种讲述符合内观理念，内观治疗师坦诚与之共鸣的态度是对内观者的巨大鼓励，鼓励内观者去寻找他（她）的内心世界。

当然，如果内观者的这种报告，背离了内观疗法所提出的主题，内观治疗师就应该指出这一点，并及时予以修正。咨询人员有义务建议内观者回到正确的思路上来。然而，咨询人员通常只是倾听，而不做其他，并对内观内容保密，这是内观咨询人员的基本态度。此外，如果必须的话，内观治疗师应当回答内观者提出的问题。

如果，内观者看问题只是从“我”的角度出发，那么内观治疗师应问：“如果你处在他人的位置上，你会怎么想？”内观治疗师还会经常这样来回应内观者：“你或许已经明白了当时情景下的状况，那么现在你怎么想？”“如果我们将一件事放在一个比较宽的时间段上重新考虑，我们经常可以发现事情的不同。”“有很多我们童年时代无法理解的事情，用成人的眼光来看，很容易就能明了。但我们却倾向于坚持童年时代种下的印象，造成的这种误解便难以更正。”

其实，与面谈相比，内观的时间是更重要的。所以面谈应处于从属地位。如果面谈的时间延长，内观的时间就会缩短，而对内观者来说，与面谈相比，更要紧的是能够看清楚自我。

2011年，我参加了中国心理卫生协会全国会员代表大会。大会期间杨凤池先生在他的大会报告上说：“对于心理治疗来说，心理治疗的理论技术在促进来访者成长的过程中的作用只是15%，剩下的85%是治疗技术以外的因素。”

这些内容我听了以后感同身受。让我们来治愈每个来访者的苦恼，那一定是很困难的，但是作为内观指导师，我可以做到的是拼命祈祷，尽可能地唤醒来访者身后潜在的“超自我的力量”或“佛性”（用宗教的方法来抵抗外界的一种良知）。

在内观者的身旁，尽可能地倾听内观者发自内心的声音，对方悲痛我也悲痛，对方喜悦我也喜悦。用这种方式给内观者注入能量，在心理学上称之为共情，这样内观者的悲痛可以减半，喜悦会成倍增加。对内观者来说，与手把手的指导和说服相比，有一位指导者在他（她）身边共情比什么都重要。

二、具体要求

1.指导者不能有傲慢自大的态度，也不能展示权力，其只是一个内观者研究其内心世界的同伴。2004年我在内观发源地吉本伊信的大和内观研修所体验内观时，有一次面接（指导者）是鞍田善三先生，他是吉本伊信亲自指导过的内观治疗师。不知是翻译理解的问题，还是文化差异，他给我面接时态度很严肃，俨然把我作为一个“罪犯”在审判。他说，内观就是审判我，当时我心里非常不舒服，不想再让他来指导，而且，我私下里还想，如果内观是让每个面接师审判我，我宁愿不再学习它。

2.指导者必须看清自身的弱点，那些与自己的子女尚不能很好沟通的指导者，难以发挥正常的亲和力，也很难给内观者真正的帮助。那些和自己的亲人处理不好关系的指导者，在面对年龄较小的内观者时，甚至会在无意中使用说教式的语调。

从事心理治疗的人大概可以分为两类：一类是心里有解不开的结，希望通过学习心理治疗得到纠正的人；另一类是对心理治疗拥有强烈兴趣的人。研究表明，后者往往比前者在心理治疗领域取得的成就更大。当你真正成为一个心理医生后，自身存在的这些问题会影响你帮助别人。在这里我需要强调的是：在帮助别人的同时，要时刻注意你自身弱点给你的工作带来的影响，这样才会像内观过程那样，通过天空里的镜子客观地看，可以看到自己和前来接受内观的来访者。

苏格拉底曾经说过:“我没有比别人更优秀的地方,如果有些方面比别人更突出的话,那就是比别人更知道没有比我更愚蠢的人。”

3. 对有类似神经症疾病的内观者,必须谨慎处理他们病情方面的问题,或者与其主诊医生密切配合。如果对来访者心理方面的障碍没有足够的把握,就不要急于给他做内观,可以暂时婉言谢绝。

4. 双方的限制。内观者和指导者讲话的内容、态度的自由度均受到了限制,始终只能围绕被事先设定好的三个项目进行,内观和其他方式的心理治疗有完全不同的治疗结构。内观者讲话必须遵从题目要求的范围,指导者更不能跑题,这也是内观治疗的特征之一。

其实我更愿意将内观比喻成武术、气功。治疗师就像武术或者气功教练,他给你一个规定动作,让你反复练习,直到习得要领。所以,只要你遵从教练的教导,在哪里训练并不重要,重要的是不能跑偏,要按照教练所教的动作要领进行练习。在练气功时出现的偏差可能就是由于没有遵从教练教导的原因。

所以,我建议,要做内观,就要先进行集中内观。当你完全掌握内观方法后,才可以回到日常工作、生活中继续进行日常内观。

第八节　内观治疗的过程特点

内观的过程在不同人之间有一些区别,取决于个人的经历,但一般来说做内观有三个阶段。

一、第一阶段:导入期

首先由内观指导员播放内观体验者的录音,让内观者确认内观的目的与方法。然后再向内观者说明察觉自我的意义、过程及可能产生的抗拒。最后导入内观。即使你以一种很舒服的姿势坐着,坐一整天,你的腿部和腰部一样会感到疼痛。你不能集中精力于内观的主题,担心进入思维的歧途,意识和身体不能适应内观,对你来说,这是一个艰苦的时候。在这个时候,如果你与指导者没有保持融洽的关系,那么很有可能你无法继续内观。这样一个摸索过程要持续1～2天，在这一阶段内观者不能集中到某一专题内容上去。

初期阶段的特征是痛苦、杂念与内在抗拒，这些会使你无法集中注意力。内观疗法称此情形为初期的困惑状态，其原因如下：

1.题目内容与目前的苦恼脱节。内观的第一个题目是要省察“幼小时候的我和母亲的关系”，与当前的苦恼似乎并无关系，要内观者在毫无心理准备或并无明确答案的情况下勉强接受此内观，难免使其感到困惑。

2.思考模式不熟悉。设身处地去想，或者把过去认为是当然的事情，从借贷关系、负债、否定自我的角度去看，当事人很不习惯此种思考模式。

3.唤起记忆的困难。日常生活的思考并不需要重视太早的记忆，内观疗法要求内观者对于过去做系统而具体的回忆，诚非易事。

4.生理上的痛苦。内观者在狭窄的空间静坐，从早晨至夜晚，身体上出现不舒服，伴随着生理上的痛苦。

5.自我防卫机制与抗拒。内观思考是把自己错误的待人感情或事件暴露出来，因此，在内观者的潜意识里往往表现为杂念、记忆追溯困难。

二、第二阶段：进展阶段

开展正规的内观活动，可以使内容具体地、鲜明地发展起来。内观以一个中心为主题逐渐扩散，可以引导内观者出现丰富的情感体验。你不再在意腿部和腰部的不适，有关的主题使你的回忆异常清晰，温暖的滋味让你倍感幸福。另一方面，你想起了由于你的自私自利而带来的麻烦，你会感到一丝苦涩。有时候，你不愿打破基于内观主题现存的自我形象，内心又对内观引发的东西有所抵抗。

第三天至第六天，内观加深，痛苦也随之增加，能够忍受这个痛苦，继续进行内观，就能感受到自己被尊重、得到别人恩惠的事实，由衷地觉得自己的存在是完全被接纳的。

内观思考的确立或内观所达成的人格变化，是一个相当戏剧性的展开，它是可以观察的。内观疗法称它为“转机”。改变的契机或类型有多种模式，并且都是很微妙的。其因素或条件如下：

1.内观思考的增强，并不是在某一段时间的冥想、祈祷或借助他人的力量，而是在有限的时间内靠自己的力量去改革自我的意志。集中思考训练，即时间上的连续、反复。查验指导和回忆的数量可以增强内观学习。即使是反复相同的主题，也应在质的方面有求变的意志。

2.粉碎概念。内观的命题不只是要否定自己的过去，也要否定自己的思考模式。吉本伊信先生称此为粉碎概念，即粉碎并改变陋习的自我训练。粉碎概念起初内观者会有不愉快的感觉和厌恶自我的感觉产生，但到了饱和点之后，反而觉得舒适与安心。

3.记忆的重现。旧记忆的重现非常困难，不仅在数量方面很难回忆，并且不切实际。及至内观进行到某一阶段之后，回忆的数量会增加，时间的隔绝也随之缩短，现实感觉增加，存在的确认接踵而至，然后才会有“转机”的出现。

三、第三阶段：洞察和转换期

“真我发现”，与存在主义学派心理学家维克多·弗兰克尔（V.E.Frankl）的“精神自我”是同义语。你会对你如此清晰地记起过去的众多经历而感到惊讶，你懂得了你和你周围的人，你觉察到了过去问题的核心和现在如何生活的暗示。接下来，你将会摆脱以自我为中心的限制，感受到新鲜和轻松，体验到他人深切的爱。洞察与情绪经验的出现，其特征如下：

1.自我批判带来伴随着情绪激动的自我否定，可能因自我厌恶、自我怜悯、自卑而哭泣不已，于是会有怅然若失或落魄的状态产生；

2.生理上会有疲劳；

3.心理上呈现一片空白状态；

4.精神上非常苦闷；

5.同时伴随着安乐的心境，即大欢喜、非常肯定的经验；

6.精神上摆脱一切重担——怀疑、否定感情、不统一——感激自己生存的事实，对于社会有奉献的心情；

7.刹那间虚脱或落魄的状态消失，充满活力；

8.他人也认为整个人有所改变；

9.以上的情形可能短暂经过，也可能几种同时发生。

四、第四阶段：结束期

如果是集中内观，通常会有一小时左右的结束座谈会，内观者互相交换内观体验。指导者也会鼓励大家在日常生活中继续进行内观。

当然，这些是因为你的内观治疗进行得顺利，即使你只有简单的感受，在完成了一周内观后，你仍会感到满足。

第九节　内观过程中的阻抗及对策

并非所有内观者通过一周的内观治疗都能重建自我，内观者在内观过程中会遇到各种障碍。由于各种各样的原因，治疗者难于集中注意力进行内省，从而半途而废，这样的例子也有很多。

内观者必须要有坚强的意志，要能够认识到自己的有关问题和其结局之间存在着若干必然联系，有改变自己内心世界的要求。在指导者探查其思想的过程中，他必须正视并战胜途中的各种困难和障碍。因此，内观治疗师给对挫折感耐力低的人做集中内观是一件困难的事。在某些情况下会允许其抽烟，但喝酒、听音乐和看电视是不行的，这是总的规则。由于一些内观中心没有通气和供暖系统，内观者不得不去忍受热和冷的考验。然而，内观的结果不依赖季节，无论内观时期是什么情况，其成功与否均取决于你是否能够忍受挫败感或不适感。

在内观过程中常见的问题有：思维迷茫、回忆困难；焦虑、孤独、受挫；躯体不适、腰背痛、疲劳、腿脚麻木；动力不足、对内观敌视，有受害者心理；对咨询人员过度依赖、过度信任，或进行攻击；自查时的恐惧和心理转移的痛苦。咨询师根据内观者出现的不同情况制定相应的措施。常用的措施有以下几种：

一、引导进入内观

内观者往往会由于突然切断日常生活的刺激，或来到隔离孤独的环境，而产生焦虑、孤独、受挫等情绪或思维迷茫、回忆困难的状况。内观者由于以上两种情况无法进入内观时，治疗师要以理解的态度多劝导，采取一些措施引导其进入内观。

（一）具体措施

对内观者来说回忆比较困难的时候，我们可以用日本奈良大和内观治疗中心的指导语来进行引导。指导者可以让内观者听一盘回忆过去的录音或者一段话来引导内观者进入内观。

大概内容是："现在让我们试着来做内观。首先，请轻轻地闭上你的眼睛，然后深呼吸，听我说，试着回忆过去的生活内容，回忆你的学校和家庭，请让你的意识回到你刚上小学一年级的时候。典型的内观治疗在内观一开始便回忆你的母亲，时间截止到你小学三年级。但这一次请回忆你在小学一年级时的日子，请你想一想，当时你就站在小学的大门口，门上写着学校的名字，你的学校名字是什么，你还记得吗？"

"既然你已经很久没有来过这里了，为什么不进去呢？你能看到那里的校舍吗？是一排排砖瓦房，还是钢筋水泥小三层楼？找到你一年级时的教室，站在教室门前，你推开了教室门，你可以看到大约几十套桌椅。在教室前面，你可以看到一个讲台，有一位老师站在那里，他（她）长什么样子？是男士还是女士？你能记起他（她）的名字吗？在黑板的顶部或许有一些座右铭，'好好学习，天天向上'或'聪明、诚实、勇敢'。讲台上或许有一张讲桌、一个花盆，在教室的后面，同学们的书法或手工作品也许正挂在'学习园地'里。

"走出教室，你可以看见早上集合的操场。每周都会有一次，学校所有的小朋友们都汇集在操场，升国旗，你们的校长会站在台上做一次简短讲话。在体育课或课余休息时，你在操场上跳绳、跑步或者做其他的游戏。你能想象你我玩耍的情景吗？操场上或许有双杠、乒乓球桌，这里或许还会有一个篮球场。你就读的那个小学，操场上有许多杨槐树，我记得每到秋天它的叶子都会变黄随风落地。现在时间进入了晚上，你背着书包，周围的环境如何？你住在喧闹的城市还是静谧的山区？在那里你可以看到田野或果园吗？可以看到山或河吗？是否走在临河的道路上？

"后来，你看到你的家了吧？当你读一年级时，家里的房子是什么样的？是一座单独的四合小院，还是一座多家居住的比较深的大杂院，还是高的楼房？你站在家门口，你的妈妈或奶奶或许在家，你进家里告诉她们你回来了。你可以听到厨房里准备晚餐的声音，你走向厨房喊着“我回来了”，她们说“哦，放学了”，她们一定比现在年轻得多。你已经有很长时间没来过这个房子了，为什么不到里面转转呢？首先看看这个厨房，当你还是孩童时，也许还没有通电，没有自来水，人们可能从水井里取水使用，在我家我们用柴火做饭。你家的厕所如何？冲水式厕所现在已经很普遍了，但在过去厕所外面是很难闻的。如果你的房子有洗手间，想一想它是什么样子的。你在哪里吃饭？有桌椅吗？在当时，你家里有几个成员？你在哪儿做家庭作业？你在那儿和谁一起休息？为什么你不看看他们？靠近你家的花园和街道，你或许会重温童年的感受，让我们试着开始做内观吧。

大部分内观者，在一个这样的引导之后，就可以比较容易地开始内观了。

在日本的内观研修所里，用餐的时候都会播放内观者的录音带，每次60～90分钟，每个房间都设有喇叭，所有的内观者都能听到，内容有的是关于内观经验的演讲，有的是经过编辑的内观面谈时的录音。根据许多内观者的经验，在听了录音后，往往会让内观更加深度化，或者是使内观者从内心的执着、抵抗或是晦暗的内心状态中走出来，勇敢地面对丑陋的过去的自我。所以，倾听深度内观经验，有助于内观者深化自我内观的技巧。当然，也有一些内观者会排斥录音播放，认为这是一种洗脑；也有一部分人认为，播放录音会干扰到他们的内观；另外有一些人已经进入了深度内观，对他们而言，播放录音就完全是一种干扰。所以，最好的方法是，每个房间设置播放录音开关，不想听的内观者可以告诉治疗师将其关掉。在播放录音时，一定要征得内观者本人的知情同意。

我们的内观治疗室也准备了录音，可以在引导时播放。

（二）深化内观体验

让内观者对所能回忆起的一些事件，详细描述当时发生的具体情境，最好是有声音、颜色、味道，有主角，有主题，有相伴的情绪体验。

有一个内观者在他自己有了孩子以后，他的孩子早上醒来时经常会被眼屎迷住眼睛，睁不开，他很着急，不知该怎么办。做内观时，他回想起来：“我小时候经常被眼屎迷住眼睛，奶奶会用她的舌头擦拭我的眼睛，使眼屎软化，尽可能不让我感觉到疼，轻轻地用舌尖将眼屎除去。我很爱我的孩子，但让我用舌尖去舔舐他的眼睛我却怎么都做不到。”

你得到了什么？

当你仔细回想小学一年级在学校发生的事时，你回忆起来较为容易。当你参加典礼时，妈妈让你穿上漂亮的衣服，她为你准备上学校所需的东西，她在你的课本和笔记本上写下你的名字，她为你的短途旅行准备午饭。你还记得她来你们学校看你的情景吗？她带你去外祖母家或其他亲戚家了吗？

在秋季运动会上，她将你的午饭送到学校；她帮助你准备你在学校的作文比赛；节日里，她陪你踢足球、玩游戏。你还记得你收到过的礼物吗？你的母亲有没有为你的生日款待亲朋好友？冬日来临，或许她已经为你编织好了手套、毛衣还有围巾；春节来临，或许你收到了来自她的礼物或是压岁钱；当你生病时，她悉心照顾你，当你受伤时，她为你小心地处理伤口，着急着找大夫。

如果实在回忆困难，指导者可以提供线索。比如“你应该过过生日吧！回想一下妈妈当时在做什么”，“春节是一年之间最隆重的节日，想想看当时妈妈在做什么”，“小时候，你有没有生过病”，等等。用这些特殊的时刻来引导内观者打开记忆。

你回报了什么？

或许你为你的妈妈按摩过肩部、捶过背、洗过碗筷。如果你住在农村，或许你还帮着你的妈妈除草或者收庄稼，或拎着食物去田地送饭。如果你生于商人家庭，你也许曾帮你的妈妈清洁商品的柜台，或给商品贴上商标，或者照顾商店。如果你有许多弟弟妹妹，你也许曾帮着妈妈照顾他们，你给他们换尿布、陪他们玩。这些事情都是一个孩子力所能及的。如果实在没有回报任何事情，咨询师可以这样来帮助他们：“请你设想一下，在当时的情况下，你可以做些什么呢？或者一些你打算去做并能够做到的事。”

内观早期的面谈一定要做到足够的共情，内观者的思考、回忆没有对错，只是没有紧扣主题，所以才需要引导。早期的内观者回忆不起来具体事件，就会变得很焦虑，因此指导者的态度一定要是接纳、温和的。

你引起的困难和麻烦

你有没有在家里行为过于激烈，打破玻璃或碰倒物品？你有没有戏弄过你的弟弟妹妹，惹他们哭，让妈妈操心？你有没有用甜言蜜语骗母亲为你购买贵重的玩具？你有没有在小卖部或超市里走丢而让母亲着急？你有没有因为挑食而给母亲添过麻烦？你有没有在天黑以后不回家让她忐忑不安？你有没有因为尿床而让她在半夜里醒来？你有没有想起更多的事？

认真具体地回忆这些事就是内观。起初你可能无法清楚地记起，但在冥思苦想之后，你会一个接一个地记起那些你认为已经忘记的事情。我们经历了许多事情，但我们忘记了它们。它们不会因为我们的忘记而消失，而是依然隐藏于我们的意识中。内观就是让我们挖掘埋藏于我们心中的宝藏并让其成为我们意识到的东西。

二、寻找动机

内观开始时，内观者的动机是不明显的。假如内观者有足够的动机去改变或提高自我，就有可能完成内观治疗。然而，如果动机不够强烈，内观者可能会半途而废。

比如强迫参与。有这样一位酒依赖的患者，他自己不愿意做内观。但他妻子威胁他说："你的酒总是戒不掉，又不去做内观，我要与你离婚。"我们告诉他的妻子，本人不同意是无法进行内观的。但他妻子说就这一次希望了，一定要让他做。于是，他早上9:00来到我们治疗室，但却强烈地认为他妻子应该反省，中午就逃回了家里，在治疗中心仅待了一上午。这是一个对内观治疗没有足够动机的典型案例。

还有一些内观者对内观持敌视态度，认为自己是受害者，对治疗者不信任。针对这种情况，咨询师要反复、诚恳地对患者进行说明，以使其配合治疗者。我在日本奈良大和内观研修所进修的时候，有一位患抑郁症的妇女来做内观治疗，集中内观了三天，但没有丝毫进展。她有很强的阻抗，一直认为她是受害者，没有什么好反省的，对医生抱有敌意，从心理上反感医生。当让她检查从他人处获得的好处时，她怀疑这样会对她有好处吗。咨询师也不去深入探究，只是一如既往地耐心给予引导，终于使其进入内观，结果很成功。

三、缓解躯体不适

内观治疗过程中，由于内观者一直坐着，会出现各种各样的躯体不适，比如腰背痛、疲劳、腿脚麻木等。这些不适一般会在治疗的第1～2天出现，随着内观状态的进入会逐渐消失；有相当一部分内观者内观前的躯体症状（失眠、没有食欲等）也会随着内观的进展而消失。在内观过程中如果出现躯体不适，内观者可以在自己的屏风里做一些伸展运动或一些椅子操，但是不能弄出声音，以免影响其他内观者。

四、合理处理内观者的过度信任或攻击

在一些内观者中，有这样一种趋势：对咨询人员的依赖。他们常这样讲："我有麻烦了，请帮帮我！解决我的问题。"假如咨询人员不予以解决，他们就有可能由过度信任，转为对咨询人员的敌对。

这一点与内观发生的机制密切相关，来源于内观过程中对自我的否定。当内观者发现"我不是原来那个熟悉的我"，要获得重生，必须完全地否定以前的自我时，就会出现焦虑、无助的感觉。有两种情况最常发生：一种是依赖治疗者，这是最常见的反应，希望在治疗师的帮助下重建自我；另一种就是攻击治疗者，内观者一时不能接受这种毁灭性的变化，会将改变带来的愤怒情绪投射到治疗师身上。作为治疗师，进一步理解内观者自查时的恐惧和心理转移的痛苦，就会把内观者产生的依赖和攻击处理得更好。

五、正确应对自查时的恐惧和心理转移的痛苦

有的人不肯直视自己的缺点，对自查有各种不同的恐惧心理，这是内观阻抗的主要因素。当内观者内视自我有了强烈的失望感时，同时也就有了对内观的恐惧感。我们内心深处常有一种"我是无用的人"的认识，对这一点我们不愿正视它、触及它，而是深深地将它埋在心里。然而，做内观，换言之，就是打开心扉。内观者必须面对其曾经回避的一些东西。只有你在治疗过程中面对它们了，才能内化，进一步做出改变。事实上，不仅是内观，在大多数心理治疗的过程中（包括其他方式的咨询），人们都会

有相似的经历。

除此之外，当然，还有心理转移的痛苦。内观者会这样自言自语：“我不能改变了，算了，我还是维持现状吧。”面对改变带来的痛苦，指导者应先将内观者的痛苦合理化，然后再进行引导。指导者可以对内观者说：“你所存在的不足之处也是人们共同存在的弱点，你可以试着站在旁观者的立场来进行内观。”

六、正确的思考形式

不能先出现感激之情再去回忆事实，一定要按内观的主题、顺序去做内观。

尽管有一些方法可以帮助内观者完成内观，但是，有这样一些人是不能完成内观的：

1.被疑病困扰的人。这样的人缺乏治疗动机，或不知道其问题的根源。他们会以疑病或其他的困扰替换焦虑，做内观很可能会失败。

2.有受害情结的人。如果一个人不能与别人建立和睦的关系，就会引起一种强烈的受害情结。一个身心健康的人有足够的积极性去思考他们的过去，这种人通常对别人有基本的信任。但存在受害情结的人有可能不能通过内观进行治疗，他们的思维被遗忘和压迫的想法先占，这种想法会转化成一种消极的情绪。他们认为内观期间对身体的限制是一种强制的形式，当他们不能与别人建立和睦的关系时，这样的问题会一直存在，很难通过内观解决。

3.太年轻或太不成熟的人。一个人太年轻或太不成熟，也会存在注意力或检查自我方面的困难。你可以想象让一个小学生单调地坐在一个可折叠的屏风后，一个星期是多么地艰难。所以接受集中内观的治疗者至少应该是初中学生，小学生则可以做一些其他形式的分散内观、对话内观和团体内观。

小结：

一旦阻抗充分减低，内省力和情感经历就会表现得稳固。第一，内观者内省能力的恢复、对自我中心的认识，会使其意识到他曾有过的自私以及所持的偏见是多么盲目；第二，内观者会意识到他人忠诚的爱；第三，内观者会对他的症状及问题获得内省能力。

内观者会意识到各种不同的以前没有意识到的经历：他将会意识到别人是怎样地爱着自己；他会很吃惊地发现自己曾是怎样一个人；他会对曾经关怀他、爱他的母亲感激不已。而且，他将认可自我和他人的缺点。例如，即使父亲确实顽固，但没有父亲，你将根本不复存在。最终你将会从心理负担中解放出来。

下面的章节，我将要介绍一些内观的典型案例，这些案例很好地体现了我上面介绍的问题。

第三章　内观疗法的应用

在第一章我们已经介绍了内观的适应证和目标人群，在这一章我们将根据其适应证分别举例说明。在日本，一些公司将内观中心作为员工培训的地方，在新员工上岗之前，要求他们去做内观；在少管所、学校、医院均有内观治疗场所；社会上还有一些独立的研修所，为普通市民提供内观研修服务。

第一节　普通人的内观体验

古希腊著名哲学家苏格拉底说过，“每个人心中都有一个太阳”，我们的任务就是通过内观治疗，让每一个人心中的太阳发光。本节重点介绍普通人的内观体验，通过以下个案，可以生动具体地看到普通人内观时的心理变化过程。

一、心理医生的内观体验

这是一位心理医生的内观体验记录，她认为自己在心理学的道路上遇到了瓶颈，想通过内观进一步探索自我，找到答案。她的内观经历如下：

> 由于一次机缘，使我能够体验集中内观。当坐在内观室的时候，我就感觉这种经历对我的身心都将会是有益的，因为在我的成长经历中，除去在医院分娩之外，还从来没有像这样一整天不去做任何事情，摆脱日常生活的嘈杂，专一地去观察自身。
>
> 我抱着这样的想法开始做内观。第一天，我被要求先从母亲开始内观，一开始我对回忆母亲有抵抗。母亲一直很勤劳，整天在田地里干

活，她把我们都交给了姑姑抚养。姑姑由于五岁时患病双目失明一直没有出嫁，和我们生活在一起，她比母亲年长五岁，照看着我们兄妹五人。父亲去世时我才上小学二年级，对我来说父亲是陌生而遥远的，他常常加班不回家，常与母亲吵架，很少照顾我们。由于父亲的过世，母亲更加忙碌，没有时间看我们一眼，但即使在这样的情况下，我也并没有感到孤单，因为有姑姑在全心全意地照顾我。但是，在我的记忆里，姑姑总是没有母亲亲密、没有母亲贴心，她给我们所做的任何事情在我眼里始终没有母亲好。小时候我经常想，如果没有姑姑该多好，可以每天让母亲陪着我，那样会很幸福。姑姑在我20岁时过世，那时我在上大学，放假回来才知道姑姑已经去世了，有些伤心，只是想姑姑就这样离开了我们。

咨询师说我对做母亲的内观有阻抗，让我从姑姑开始，我不能接受这样的一种解释。怎么会呢？母亲一直是我生命中最亲最重要的人，怎么会有阻抗？但是，事实证明他说的对，我在被要求做母亲的内观时，一开始确实想不起在我上学之前母亲为我做的任何一件事。

咨询师这样建议："你说过，小时候姑姑照顾你很多，不妨先做你姑姑的内观，也许会更容易回忆起来。"

我只能接受咨询师的建议。当我静下来专一地去回忆与姑姑的关系时，我很轻松地想起了很多事情。记得小时候，家里是一个四合院的平房，厕所在院子的西南角，独立设置。晚上我不敢一个人上厕所，无论春夏秋冬，每次都是姑姑陪着我上厕所，这样成千上万次，姑姑都是很高兴的样子，从来没有表现出过厌烦。那是在我五岁时的一个深秋的夜晚，树上的叶子已经大部分落下了，还有几片树叶零星地赖在树上，不愿意下来，斑斑驳驳的，与挂在树梢上弯弯的上弦月相互交织成了一幅美丽的图画，月光是从树枝上透过来的，特别亮，我蹲在厕所，看着月牙，听着姑姑讲故事……陶醉在甜蜜的记忆里，如同打开了心中的窗户，我好像又回到了过去的那些日子。我感觉到了姑姑宽厚的脊背、柔软的头发，且还闻到了她的味道。那是多年以前发生的事，但我用五官感知到了，就如此时此刻发生的一样。

很小的时候，她经常带我在村子里串门。姑姑助人为乐，哪家的主妇太忙，姑姑就会帮她推磨、做一些手工活，所以姑姑在村里人缘很好，最主要的是她好像有一肚子故事讲不完，村里的孩子们也很喜欢听她讲故事，都叫她姑姑。在串门子的时候，有时村里人会给姑姑一个水果糖（那时往往一年中只有过年的时候才能吃到水果糖，或者是有亲戚在外地工作，回家时会带一些水果糖作为给孩子们的礼物。但是，那时我们村有外地亲戚的没几家），他们会背着我们偷偷地给姑姑，让姑姑自己吃，怕姑姑留给我们。因为村里人都知道，姑姑最心疼我们，肯定是舍不得自己吃的，他们会看着姑姑将糖放在嘴里。但是，姑姑总会背着他们马上吐出来，再包到糖纸里，拿回家给我们吃。

还有一次，姑姑带我去她的姐姐（大姑）家串门，大姑拿出一个苹果让姑姑吃，姑姑要给我吃，大姑生气了，姑姑和她吵架后，生气地回家了，回家后还一直给妈妈骂了好长时间大姑。

我上小学五年级那年的春夏之交，是父亲去世三周年的忌日。家里的屋子经过精心清扫十分干净整洁，每个人都穿着干净的衣服进进出出。姑姑将炉灶内的火烧得很旺，灶上的锅里冒着蒸汽，我坐在姑姑怀里，姑姑对我说："你爸爸已经走了三年，你都长大了，那些最艰难的日子我们走过来了。"我现在能够理解姑姑那些年的心情，姑姑双目失明，父亲是姑姑生命中最亲的亲人，从医学角度上讲父亲是姑姑的一级亲属，而我们（侄子们）是二级。父亲的离去对姑姑的伤害是最深的。但是，长期以来我一直认为父亲的离去，使母亲失去了丈夫，使我们兄妹失去了父亲，姑姑为我做了那么多，当姑姑遇到致命的打击时，我却从来没有考虑过她的感受，我的眼泪像卸了闸的洪水一样夺眶而出，这是我生命中第一次流了如此多的眼泪。

往事一幕幕呈现在眼前。那时的农村，条件极端艰苦，姑姑每天都要推磨——人工磨面粉，就是电影上演的那种驴推磨，但那时家里没有驴。我们村每一家都有一个专门用于磨面粉的磨坊，一米高的土台子上安装了一个很大的石磨，用一个木杠子连接人和石磨，杠子的一头拴在石磨上，另一头用手和胸脯通过杠杆的作用，推动磨盘转动。一日三餐需要的面粉，大概需要2～3小时才能磨好。在姑姑磨面粉时，我和妹妹闹着不让姑姑干，要求姑姑与我们玩，她只好把我们俩放在磨盘上推。由于太重，姑姑满脸、满头的汗水像雨点一样一滴滴地掉落在地上，一边推着沉重的磨盘，一边哄着我们给我们讲故事。我们没有顾及姑姑的感受，只顾自己高兴。

冬天的早上，姑姑总要将我们每一个人的所有衣服在我们起床前放在热炕的被窝里暖热。小时候的冬天很冷，每天都是穿姑姑暖得热乎乎的衣服起床的，一次都没有中断过。每天早上起床，都要姑姑叫好几遍我们才能起来，有时候还嫌弃姑姑太烦，与姑姑顶嘴。想喝水就要让姑姑去舀，自己不去，不知为什么，姑姑从来没有怨言，就好像为我们做事情是她最大的快乐。无论在什么情况下，她一直这样一如既往地爱着我们，用她的全部身心和汗水。

小时候家里洋芋（土豆）都很少，只要有洋芋，姑姑总是操心给我们在做完饭后的灰烬里烧洋芋吃。姑姑在烧洋芋的时候非常用心，不时地翻转，她烧的洋芋从来没有烧焦过，而且皮焦脆、内松软。自从姑姑去世后，我再也没有吃到过那样的烧洋芋，看见烤红薯就会想起姑姑烧的洋芋，姑姑烧的洋芋是独一无二的，即使现在的日子什么都不缺，那又能怎么样呢？

有一次放学回家，很饿，闹着向姑姑要吃的。家里什么吃的都没有，姑姑没办法，只好到隔壁奶奶家给我要来了馍馍。我至今还能记起那次馍馍的味道。

印象最为深刻的是，家里的院子里有一棵爷爷从新疆移来的核桃树。小时候老家的核桃树是很少的，据说只有深山老林里才有，据说核桃树长18年才能结果。爷爷听说新疆的核桃树3年就能结果，才不远千里移来了一棵。但是那棵树在我们家长了26年才开始结果，第一次结果时我已经去上大学了。寒假回家，有一天晚上，姑姑把我偷偷地叫到了她住的房子里，拿出来了很多核桃让我吃，说是我们家院子里的核桃树上结的。我一边吃，她一边在旁边唠叨，说吃核桃的事让她很伤心，核桃成熟后全家人吃了好几天，没有一个人想起来给我留下一些，当时她很是气愤，就等晚上家里人都睡着的时候，去摇树，熟透的果子会落下来，她摸索着捡起来，一直给我留着……

我因没有给姑姑做过任何一件平常的事情而感到羞愧。姐妹们给姑姑洗过衣服、梳过头，而我没有。姑姑是不是也希望我给她梳一次头呢？

在做完对姑姑的内观后，我很顺利地开始了对母亲的内观。

我长期以来都有这样一种观念：我很乖，没有给母亲添过麻烦，是母亲最引以为傲的一个孩子，我是村里有史以来的第一个女大学生，我是母亲的骄傲，而这一点也是自己的骄傲。

母亲为我做的：

关于母亲的记忆都是在晚上。我亲爱的妈妈是一个非常心疼孩子的人，在我们还是婴儿的时候，睡觉时她总是搂着最小的一个，翻身的时候一定把孩子翻过去，让孩子在她的胸前，绝不会背对孩子。小时候睡的是土炕，孩子尿湿了，妈妈会把孩子放在干的地方，她自己睡在孩子尿湿的地方。那个时候家里很穷，每顿饭都是浆水苞谷面，妈妈总是想方设法将现有的食物做到最好。她从来不让我们学做饭菜和女红，她认为这些都是没有技术含量的事情，不需要专门去学，只要文化课学习好就可以了。

在我成长的那个年代，由于极度贫穷，我们村父母双全的女孩子上学的不多，他们的父母通常只供男孩上学，女孩则在家帮助母亲搞家务、做针线活，一个家庭往往只有一两个女孩可以上学。我们村一百多户人家，像我们家四个女孩都上学的几乎没有。母亲在那样艰难的生活中不但供我们上学，而且，因为怕耽误我们学习，不让我们干任何家务，以至于我到大学毕业，仍然无法辨别烧的水是否开了。我不敢想象如果母亲不让我上学，我现在的境遇会是怎么样的。

我对母亲最真切的回忆是母亲在煤油灯下做针线活的样子。因为白天母亲一直在地里干活，早上鸡一叫就起床挑水，挑水的地方很远，大概两三个小时才能挑三趟水，挑完水还要给我们做早饭。当我们起床时，母亲已经下田干活去了，直到很晚才回来。吃完晚饭，在煤油灯下，母亲开始将我们白天搞破损的衣服缝起来，一直到很晚，夜夜如此。

记得在我高中的日记里有这样一段话：“我去过很多同学家，他们的母亲总是与我们聊天。可我从来没有看到过我的母亲什么事都不干，坐下来与我们聊天，我多么想看看母亲闲时坐着的样子。今天，母亲已经准备好了饭菜，等待哥哥回来开饭，她又去干别的活了。于是，我把她拉进屋，让她坐在炕沿上，她惊慌失措，问：‘你要干什么？’我说：‘我想看看您坐着的样子。’她说：‘一个人能干活，为什么要闲坐着？妈妈没有时间闲坐，身体没病没灾的人闲坐着是很丢人的事。’我愕然！这是一种什么样的劳动观？”

与母亲相比，我现在只有一个孩子，可我最害怕听到的一句话，就是孩子说“我饿了”。在对母亲的记忆里，母亲一听到我们喊饿，总是兴奋地说：“饿了吗？妈妈马上给你做饭吃。”她会立即停下手头的活去做饭。

上大学时，我的一个好友经常来我家小住，我们俩喜欢睡懒觉、卧谈。妈妈说这样会少吃一顿饭，于是她做好早饭后，把牙膏挤出来、水倒好，妈妈端着脸盆，让我们趴在炕沿上洗脸、刷牙，然后端来早点让我们吃，吃完之后我们继续聊。自从我考上大学以后，妈妈再也没有叫过我起床，都是顺其自然。我的女儿已经上大学了，比起母亲对我的爱，我给孩子的爱不及母亲给我的十分之一。

2006年春节回家，天很冷，我和妈妈住在厨房的炕上，房间里生有火很暖和。但是，妈妈总是早上5点钟就起床，生火做饭，叮叮咣咣，乌烟瘴气，让人睡不好。第二天，我决定和孩子转移住处，到一直没有人住的房间里去住，烧了炕，母女搂到一起盖了两个被子，也不太冷。母亲很担心，一大早我们还在睡觉，她就跑到我们房间问我们受冻了没有。我故作生气道：“很好，怎么样也比听你叮叮咣咣的好啊。”妈妈揽过我的头，在我脖颈上吻了一下说：“看把我的娃气的。”那个吻让我幸福了那一年。现在母亲离开了，那个吻必将温暖我的后半生。

在妈妈最后的日子里，住院期间，我给妈妈说：“小时候不喜欢听姑姑讲故事，喜欢听妈妈讲，但是您一直没时间给我讲。”妈妈听后，马上给我和二姐讲了我们小时候最爱听的故事《山丹花》和《毛人》，妈妈特别高兴，非常认真地给我们讲故事。我录音了，其实那时候妈妈已经没有多少力气讲话了。

其实，妈妈给我做的最让我终身受益的不是那些具体的事，而是对我的教育。

记得小时候大姐画了两张画，贴在了破烂的柜子上，将柜子破损的地方遮了起来，使柜子看上去好多了。家里来人问及时，妈妈马上会夸大姐是多么心灵手巧，多么体谅妈妈的难处。妈妈决不会像其他农村妇女那样舍不得夸孩子，或心里认同，嘴上却说孩子不行。在家里没有外人的时候，如果孩子有一些不按常规做事的举动，妈妈马上会用真诚肯定的语气说："我的娃就是聪明，和他们就是不一样，脑子灵活。"让你感到你确实是独一无二的，只要你肯动脑子妈妈就会喜欢你。就是这样，母亲的教育训练了我不断创新的工作学习能力。

妈妈不只是夸我们，对我们的管教也很严厉。我有一个外地的伯伯，妈妈经常让大姐给他写信。有一次大姐不在，妈妈就让我写。那时我上小学三年级，提起笔来什么都不会写，就对妈妈说我不会写。妈妈把我的书包扔到院子里，不让我上学去了，说三年白供了，还将我打一顿。后来，我私下里偷偷学写信，终于可以给伯伯写信了。还有一次，也是在我十岁不到的时候，妈妈遇到了困难的事，家里有一本繁体字的《观音灵签》，是新中国成立前印制的那种线装本，家里没人，妈妈抽了签，让我给她念。我拿起签簿，一个字都不认识，妈妈又将我打了一顿，说供我上学有什么用。我真佩服姐姐怎么认识那么难的字，于是我就拿着签簿偷偷地背，一开始一个字都不认识，背着背着，我慢慢发现，当你反复读上无数遍以后，自然就能读下去了，意思仍然不懂，继续读，读到滚瓜烂熟的时候，意思也就自然明白了。后来熟练到当她老人家一抽到签，我不拿书就能背下签文，自然得到了极大的表扬。功夫没有白费的，这件事的后劲是在我已经工作了之后，有一次去卦台山上游玩，一起上山的卫生系统的很多人，顺理成章地一人抽了一支签。结果解签的人只有一个，解不过来，听解的人觉得解得太粗糙、不透彻，没有轮到的人嫌讲解得太细，大家都显得有些烦躁。于是我说让我来试试，没想到效果和卦台山上的解签艺人不相上下，下山时同道们还意犹未尽，和我探讨他们的签中包含的玄机，而且用很惊讶的眼神和口气问我哪来这本事，着实让我得意了一番。

记得第一次妈妈为了教育而教育我是在爸爸刚去世。爸爸去世前我们在村里算是比较体面的人家，爷爷德高望重，爸爸是村里唯一的读过书的人。生产队里分糜子，糜子很滑，在主堆周围的地上滑落了许多，滑下堆的糜子会被人们踩在脚下，和地上的土混在一起。我放学后就去大队场里分糜子，好不容易排队轮到我，分糜子的人将地下和土混在一起的糜子分给了我。那时我才八九岁，一路上强忍着泪水将分到的糜子背回家，进门就哭，给妈妈诉说委屈。妈妈搂着我，一边哄一边说："世道就是这样，你爸爸不在了，这才开始，以后这样的事情会经常发生，只有等你长大了，而且长本事了，你的本事超过别人才能不受别人欺负。"那一次之后，我就憋了一口气，一定要出人头地，给妈妈争气。

妈妈在与死神面对面的时候都能用平常心对待，笑对死亡，用她老人家特有的幽默给孩子们调侃死亡。记得妈妈出院后在家，身体每况愈下，脚肿得特别厉害。我去摸妈妈的脚，妈妈却说："不要动那肥怂，我见不得它。"我一下没有反应过来，后来才反应过来她说的是自己的脚。有一天妈妈病得快不行了，我吓坏了，第二天我给妈妈说："妈妈，昨天你的样子把我和哥哥吓坏了。"妈妈说："害怕什么，我想着我的娃白辛苦了一场!"妈妈一直不想吃饭，没有食欲。有一天我问她："妈妈想不想吃饭?"妈妈说："咱们不要给吃饭，让饿的像一堆牛粪一样扁扁的，用铁锹撇起来从楼上丢下去得了。"妈妈一直一点力气都没有，我说："妈妈，你怎么这么累呀?"妈妈回答："人要死，总得有一个过程，不这样能死掉吗?"

母亲的一生就是用这种内观精神一路走来，从逆境中崛起，把她的孩子一个个抚养、教育成材，她在人生的最后时光，还是想着她的孩子。

我为母亲做的：

2010年国庆期间，我回娘家看母亲，计划和她多待几天，帮忙干点家务。而母亲在我回家前就决定给我改善生活，做我不容易做成功的包子。她早早地从冰箱里拿出来了一大块瘦肉，下午我看了一下，切起来刚好，刚准备开始切，母亲就过来干预，说"你不会切，我来，我来"，"你不熟悉我们的厨房，做不来"，"我们家的刀太沉，你不会用"，等等，一系列不让我切肉的理由。其实我心里很清楚她的真正理由，怕冷肉冻着我，怕切肉累着我。我拿着刀，听见她说这样的话，心里有一种说不出的滋味，不知道为什么，突然冲着妈妈大吼："你总是这样，不让我们替你做任何事情，一味无条件地为我们付出。你现在70多岁了，你为我们劳累，让我们心安理得地看着你做、等着你做好。其实我们心里很难受，就像你看见我受罪一样的难受，你想过没有？"妈妈一下愕然，回屋睡觉去了。第二天我做饭，她没有来干涉，还说我做的饭很好吃。

这是我有生以来第一次给母亲做饭。第二次给母亲做饭是在妈妈最后的岁月，那时妈妈正在住院，我问她吃什么，她也很少考虑自己想吃什么，而是考虑我想吃什么，要让两个姐姐做我不会做又爱吃的饭。那天她说要吃搅团，其实搅团是我最爱吃的饭，我回家做了。妈妈一直说好吃，我也很受鼓舞。但是大姐说："妈妈不爱吃搅团，知道你爱吃才说的。"这可能是我活了40多岁，第二次给母亲做饭，结果还是给自己做的。

给母亲添的麻烦：

印象最深的一次是在小学毕业时。我在上小学时受到了班主任老师的百般照顾，因为我太淘气了，我所学的知识可以说是班主任老师软硬兼施灌进去的。毕业前同学们都要给老师买礼品，礼品一般只有两种：牡丹牌香烟，一包一毛五分钱；一张画，五分钱。在那个只有十四个人的农村小学里，我是老师付出心血最多的学生。因为其他同学中，学习好的老师教知识，以仁爱为主；学习不好淘气的老师则以严厉的教育为主。而我恰好属于学习好又捣蛋的那一种，让老师很伤脑筋，但是无论我让老师如何伤神，老师从来没有伤害过我的自尊。毕业时全校公认班主任对我付出的心血最多，我也深切地感受到了这一点。

所以，我想给老师买一包牡丹牌的香烟。虽然这礼物只要一角五分钱，但是我很清楚，家里没有多余的钱，也不好意思从母亲那里要。我一直很纠结，不能放下，整天想着这个事情。其他同学已经给老师送礼物了，我仍然没有着落，正在我心急如焚之际，突然很意外地在麦草堆里捡到了五分钱。这次我终于有借口向母亲要剩下的一角钱来买礼物了。当我把我的想法告诉母亲后，她一脸的不高兴，说："毕业就毕业，买什么礼物？你有五分钱，买张画就可以了，礼物不在轻重，心意到就可以了。”我反复说明老师对我的深情厚谊，母亲却怎么都听不进去，这样僵持了好几天，母亲也没有变通的余地。眼看所有的同学都已经送了礼物，我一整天都跟在母亲后面要钱，突然发现她的眼睛湿了，拉着我的手说：“妈妈实在拿不出来一分钱，不要说一角钱了，家里维持生计的钱都没有了。”我惊呆了，赶紧把我捡的五分钱交给了妈妈，妈妈不要，让我给老师买画。我想老师知道我的心，不一定要看我买的画。

我自幼体弱多病，给我买药，无疑对这个贫困的家庭是雪上加霜。但是，最让母亲恐惧的不是没钱买药，而是我经常性的晕厥。我自己已经习惯，也没当回事，更没有去体会母亲的心情。那是1983年的秋天，家里没有其他人，只有一岁多的侄子、母亲和我。半夜，侄子饿得哭闹，我起床给侄子热奶子，刚下地就晕过去了。当我苏醒的时候，听见母亲呼唤我的声音充满了恐惧和爱怜，好像我死去了一样。当时我不能理解母亲为什么那么恐惧，不是每次都醒来了吗？现在我是医生，孩子感冒发烧我都放不下心，母亲是文盲，我一次次地晕厥，让她一次次体验分离前的恐惧和痛苦，这对她意味着什么呢？我不敢想象，只有泪水不断地涌出。

这些是母亲为我做的还是我给母亲添的麻烦？

近几年母亲的身子一直不如以前硬朗，每年冬天感冒，都要一个多月才能好起来。我以为人年龄大了就是这样，没太在意，一旦好起来，母亲仍然像陀螺一样整天转个不停，一如既往地包揽全部家务，我和母亲更是聚少离多。在2009年暑假，孩子看望老人家回来，给我说：“姥姥身体不好，老是疲乏、爱睡觉。”我当时心里咯噔一下，忙打电话问候，母亲当然一口否认，说自己很好，没事干就睡觉，问哥哥，哥哥也说很好。我理所当然地认为没问题。去年哥哥说要给母亲做全面检查，母亲说自己很好，没必要，所以我只是给她抽血化验了全套生化，全部正常。我没有给母亲做更深入全面的检查，真后悔！

2011年9月母亲就开始不舒服，12月15日住院治疗，情况糟糕透了，是治不了的病。否认阶段对我来说很短暂，几乎是一瞬间就过去了，当我看见彩超屏幕上显示的母亲心脏时，一切我都明白了。但是，其他兄弟姐妹如何明白？如何接受？母亲又将如何面对？

母亲很快就明白了自己的病，因为，所有的诊治程序都与去世不到一年的她的姐姐惊人地相似。当我安慰母亲会好起来时，母亲说："再活一段时间，看你们这么心疼我，留点时间让你们尽尽孝吧！太突然你们受不了。"我问母亲为什么执拗着不让我们给她看病，她说："我想着悄悄地睡着，等你们发现时我已经走了……"

母亲住在医院，医院的床太热，她老人家睡不着，要睡在陪护椅上。陪护椅上有一个小被子，她铺半面，盖半面。只要有护士、医生进病房，她都要求我们起立躬身相迎，而且动作要麻利，态度要热情、诚恳。病房桌面上一律按护士的要求收拾干净、摆放整齐，稍做不到位，她老人家一定会生气，那是我们最害怕的，也是最难过的。护士一旦有一个动作，她就要我们马上配合，稍有迟缓，她会严厉地指责。真是让人感慨，在这样一种情况下她老人家礼数不倒，令人佩服。我在医院时，母亲就给护士说："你们别管我了，今天有个大夫陪护，赶紧去歇着。"侄女来医院，她就给护士说："赶紧去歇着，太辛苦了，今天我家有护士。"在做心电图时，母亲的病太严重，坚持不下来，一平躺就要晕。在母亲前面刚做完心电图的老奶奶自己拉不上大衣拉链，母亲自己那么难受竟然还是看见了，让姐姐赶紧帮忙拉上。接下来做心脏彩超，母亲自己在有气无力的情况下，还不能忘记那个老奶奶的拉链，让我们继续帮忙拉拉链，帮忙照顾那个老奶奶。

在母亲住院期间，使我感动的地方很多。在医疗环境这么恶劣的情况下，如果医患双方都能像母亲一样体谅对方，就不会发生杀医、辱医事件了。

俗话说："十个儿女十条心。"母亲有五个孩子，一个男孩，四个女孩。那天哥哥来病房，在护办室看见只有母亲是自费，其他都是医保，就问我为什么只有妈妈的是自费。母亲闻声马上斥责："我活这么大岁数，没有花过你的钱，你就自己掏了，医保是给穷人的。"哥哥连声答应："好的，我们自己出。"二姐做事不思考、动作有时不灵巧，大姐和哥哥还有我，有时防不住就要说她。母亲最怕我们说二姐，她对我们很严格，但是最心疼二姐，认为她柔弱，需要我们鼓励，而不是指责。为了不因此惹母亲生气，我一直很注意，尽量不说她。可大姐一点不能觉察，经常惹母亲不高兴。

母亲住院期间，晚上一直有两人陪伴，在任何情况下，母亲都不会叫我起床。我问缘故，母亲说："我的娃最辛苦，妈妈不忍心。"诊断结果出来的当天下午，来探望母亲的人买了烧鸡，母亲让我们吃。我们为了让她高兴，就强迫自己吃了烧鸡。自那以后我吃一点东西胃里就难受、不舒服，过了好长一段时间才好，但是又开始不能吃水果了。我本来是吃水果大王，不知为什么，看见水果就感到胃里发凉，人的反应真是很奇怪。

只要母亲在医院里，我躺在家里一定睡不好。有一天我睡了一觉，醒来时是凌晨3点多，就再也睡不着了。打车到医院，病房门锁了，正好有人上厕所出来，看见我敲门，马上过来开门，我很感动，到病房里悄悄地躺在母亲身边的沙发上，一闭上眼睛就梦见爸爸站在身边。爸爸去世36年了，我第一次梦见他。说起梦，去年一年无数次地梦见，我的牙全部坏了，都在动，一扳一个就下来了。母亲住院后，我梦见家里的房子朽木不敢碰，一碰就一个洞。后来又梦见家里厨房的房顶朽了，但目前还能支撑。一天梦见妈妈能走了，一天梦见妈妈又在做针线活了，总之，也经常梦见母亲。

在内观中成长：

在内观过程中，我惊异地发现，母亲给我的不只是无私的爱，还有内观精神。我父亲生前是村里为数不多的几个有文化的人之一，在村里有一官半职，村里大部分人都对我们一家人很尊重。在父亲去世后，就有一个道德品质有问题的人处处刁难母亲。改革开放以后，我们家日子好过了，他找村里其他人借不到钱，就来找母亲。当然，除了母亲，我们没有人同意给他借钱，母亲却说："以前他对不起咱们，我知道，但现在他来借钱，一方面，他一定是走投无路，另一方面，他认定妈妈是一个乐于助人而又心胸开阔的人，咱们有什么理由不给他借钱呢？"我们还有什么理由劝说母亲不要借钱给他呢？母亲不但不记恨，而且真正能做到以德报怨。后来那个人竟然成了一个有良心的人，母亲用她的佛心，唤醒了对方的佛性，我作为一个心理医生，深切地感受到了同理心的力量。

接下来是对她父亲的内观，但是内观过程并不是一帆风顺的。让她开始做父亲内观时，这位医生又说："父亲早出晚归，而且晚上一直在大队值守，我7岁时父亲就去世了，感情不深。这几十年对父亲的回忆只有一个场景，就是他迈着八字步走路的样子，肯定想不起多少其他的事了。"我说："你按内观的要求试着回忆一下。"她说："好的，我试试。"以下是她对父亲的内观日志：

我惊奇地发现父亲不仅是一个勤劳的人，而且还是一个非常浪漫的人。其实在我来到这个世界上之前，父亲就对我充满了希望。我一生下来，母亲知道是女孩后，很难为情，因为我已经是这个家庭的第三个女孩了。母亲试探着问父亲："把这个女儿送走吧？"父亲很生气地说："送什么？十个女儿都不送，我的女儿都是花芯芯，这个小东西长大以后说不定能成为女医生呢。"母亲很受感动，因为在当时的农村，妇女的家庭地位大多数情况下是由生男孩的多少来决定的。这是母亲经常说起的事。

对父亲最深刻的记忆应该是，每年元宵节他都要给我们姐妹四人做灯笼。那时的农村，元宵节是很隆重的节日，全村只有我们姐妹的灯笼是父亲做的，其他孩子的都是母亲做的。而且其他人灯笼的款式基本上是全村一致的，很少有不同的。父亲从初十就开始给我们做灯笼，他给我们姐妹每一个人做的灯笼都是不一样的，很好看。我和二姐的款式一直都是保留每年各自的样式，没有太大的改变，大姐和妹妹的样式变化多一点。每一年我都不喜欢我的灯笼，最喜欢二姐的，心里头总是想：二姐在家最宝贝，有奶娘，爸爸肯定也最喜欢她。后来爸爸去世了，我开始给妹妹做灯笼，每年都做成二姐灯笼的样式给妹妹玩。等到有侄子、外甥和我的孩子后，我每年都会像爸爸当年一样在元宵节给他们做手工灯笼，一直是做我最喜欢的爸爸给二姐的那个款式。有一年，二姐突然问我："你为什么总是做这个款式？我打小就不喜欢这个款，我小时候最喜欢的是爸爸给你做的那个款式。"人总是这么狭隘，爸爸当时怎么想的，我现在已经无从知晓了。

记得有一次，家里的饭还没有做好。我个子很小，只能看见案板上的馍馍，够不着，就找父亲要。父亲只是给了我非常少的一点，当时我很是不满。

刚上学时，爸爸花了五分钱给我买了一只花铅笔，后面带一个橡皮擦，是当时最好的铅笔，我非常开心，其他孩子的都是三分钱一支的铅笔。我一直舍不得用那支笔写字。后来父亲去世了，我根本就没有笔，都是用捡来的别的孩子用得已经拿不住了、扔掉的铅笔写字。本子更是买不起，经常在地上练习写字，实在交代不过去才往本子上写。为此，我经常受到老师的严厉批评，当时心里非常难受。家里实在是太穷了，如果父亲在绝不会让自己的孩子因为没有笔和本子而遭受那么多的磨难。

记得在我大概四五岁时，家里的炕拆了，大家挤着住。爸爸睡在废弃的织布机上，我很好奇，非要和爸爸在一起睡，这是我记忆中第一次，也是我一生中唯一一次和爸爸一起睡觉。睡前我非要睡在靠外面，爸爸反复强调，那样很危险，夜里不小心会掉下去，可我很执拗，死活不听。最后爸爸拗不过我，只好让我睡在外面。半夜我醒来，发现自己睡在靠里面，很奇怪。去上厕所，一摸下巴，很疼，上面厚厚的一层痂，嘴里连着下嘴唇的一块肉快要掉下来了，这才反应过来，肯定是从织布机上摔下来了。我一下子非常难过，对爸爸很失望，对我这样被忽视很气愤，想着如果和妈妈睡在一起，无论在哪里都不会掉下来。月光洒满了院子，我站在院子里，特别想妈妈，眼泪偷偷地流下来了，想到妈妈屋里去睡，又觉得没面子，也没地方睡，还是回到爸爸床上，主动地睡到里面去了。想了好一阵子妈妈、伤心了好一阵子才睡着。这是我记忆中最早的一次想妈妈，当时很恨父亲。

父亲为了我们劳作不止，白天下地，晚上给生产队看门。爸爸在他去世的那一年春节，赶集时给我们一人撕了一块做新衣服的布，他的眼光很超前，爸爸撕的布是很大气的花子，而当时村里人给孩子做的衣服的花子都像“秋菊”穿的，很山（当地方言，不好看的意思），只有我们的衣服穿出去感觉非常洋气。我至今还记得衣服的花纹，很是美了一阵子。没想到那是我少年儿童时期的最后一件新衣服，穿第二件新衣服是考上高中以后的事了。

在与父亲相处的有限时间里，我没有为父亲做任何一件事，只是一味地给他添麻烦。

父亲和母亲一直因为哥哥的教育问题而吵架，母亲主张引导，父亲主张严管。我小时候对父亲很反感，觉得他一点感情都没有。他很少回家，一回到家我认为他不是这个家的人，就往外推。父亲经常在很累的时候回家休息，我们却打打闹闹地让他无法休息。

父亲在去世前看到他年幼的孩子时，一定感到十分抱歉，当我看到我心里父亲的形象时，我哭得很伤心。他不想走，他没有抵抗住生命的流逝，他知道这个家在他走后会走向崩溃；即使他不知道这一点，他怎么能抛下这些年幼的孩子、年轻的妻子和失明的姐姐呢？他临终最重要的想法就是不能抛下这些亲人而去。

在我注意到这一点后，就有一种强烈的感觉，那就是我明白了所有的事。这意味着我懂了以前我以为自己很清楚的事，我对自己很满意，也很高兴我能懂这一点，尽管我周围的事并没有改变。

接下来的内观非常顺利，因为她的父亲去世后，哥哥部分承担了父亲的角色，所以对她来说，做哥哥的内观很重要。

哥哥为我做的：

我对哥哥小时候最初的印象反面的较多，爱打架、威严、不让我们玩，我很怕他。

我的哥哥在我上小学的时候，是一名民办教师，经常找来很多开发智力的题让我做。而且，他经常鼓励我说这道题别人都不会做，你肯定行。

初中阶段，哥哥在最艰难困苦的日子里给我买了一套《中国历史故事》，花了两块多钱。那套书多少年来一直是我们家买的唯一的奢侈品。

哥哥经常给我讲《三国演义》中的一些段落，他能整段背下来，那时哥哥是我心中的英雄。受他的影响，有一段时间他管理图书馆，我看了很多世界名著，在文学和历史方面完成了知识的原始积累，这些让我一个理科生终身受益。

初中毕业时可以考师范，哥哥只是问了我一次想不想考师范，我就很生气地说："不考，我要上大学。"那时我们家的情况仍然很差，四个姐妹都在上学，他每月8元钱的工资，我如果考上师范起码就可以不受现在的罪了，在师范可以每顿吃上白面馒头和菜，也可以减轻一下家里的负担。但是，当时我并没有这样想，只是想我太淘气了，哥哥不想让我给他添麻烦，不想继续供我上学了，我的解释是何等的自私。

高中的时候，哥哥每天陪我学习，点着煤油灯，我想方设法想让灯灭了，但一直没有成功。

哥哥经常背着我去访问老师，了解我的学习情况。那时家里距离学校近5公里路，要走着去，这个事情我一直不知道，直到几年前和班主任老师聊天时才知道。

大学毕业后，为了我分配的事哥哥跑断了腿，三个月下来，当时才30刚出头的哥哥，头发上好像蒙了一层灰，我心疼不已，最后决定马上工作。

工作以后，只要回娘家，从出门到到家，哥哥能打好多个电话，问路况、问想吃什么，让人觉得很不耐烦。而这一切也随着妈妈离开、哥哥搬家而停止，回家已经完全没有了以前的感觉。

我为哥哥做的：

改革开放后，文化市场很繁荣，经常有各种智力测验、脑筋急转弯、稀奇古怪的数学智力题（就是现在的奥林匹克数学题），哥哥经常会找来让我做，而且他坚信我能做出来。我为了检验自己的智商，也为了让哥哥高兴，总是废寝忘食地做题。因此我经常在数学竞赛中得奖，让他很自豪。

想起我真正为哥哥做的一件事，那是在哥哥嫂子谈恋爱时，有一次哥哥让我去找嫂子，我一路小跑到两公里地以外的电影院，从人堆里找到了嫂子。我也为自己能给哥哥做事而骄傲。

我给哥哥添的麻烦：

我初中时和大姐在一个学校上学，大姐各个方面表现都很出色，是全校孩子们学习的榜样。当时，哥哥在那个学校任教，但我经常违纪，代课老师没办法就经常找哥哥告状，搞得哥哥很没面子。有一次，因为违纪，英语老师让我在操场上站了一节课，我竟然怀疑是哥哥指使的，好长一段时间都对哥哥很冷漠，却没有体会到我站在那里，哥哥心里会有多难受！

我年轻的时候有一次要做手术，是择期手术。专家是从上海请过来的，接专家的任务理所当然地交给了哥哥。没想到哥哥接到这个任务后，在手术前的一周就开始准备，住在单位不回家，理由是为了不让老母亲知道。他工作忙不回家对母亲来说也不算意外，但是，他也没有告诉嫂子，这下把嫂子急坏了，几天后嫂子终于忍不住到单位问了个究竟，免不了埋怨哥哥一番。

在做手术的前一天晚上哥哥去接人，我在病房计划着要睡个好觉，9点就睡了，准备明天的手术。哥哥晚上11点多才将专家接上，给我打电话说这事，我的好觉被打扰了，很郁闷，埋怨了哥哥。哥哥一下子很懊恼，连连自责他怎么没想到会打扰我睡觉呢，只怕我担心，为了让我放心才打的电话，接着他又开始担心我休息不好影响第二天的手术，他又后悔又着急。

2007年春节回娘家，有一天，哥哥把我拉过去，让我看他未来新房的布局和设想。他平时在家说一不二，很霸道，在讨论的过程中，当我对一些布局提出建议时，他说："我都知道，不要你说。"我很气愤地质问他："是你要我和你讨论的，不是我找你的，你为什么要吼我？你是不是在家对嫂子这样吼习惯了？"没想到他咧开大嘴哈哈大笑，怜惜地看着我，一点都没有生气，那个笑容让我幸福了一年。

姐妹们也是，我上大学之前，连自己的内衣、袜子都没有洗过，都是姐妹们替我洗的。妹妹比我小三岁，可是连她都让着我，叫我养成了以自我为中心的习惯。

其实，我最初的反省是在高中一年级的时候。有一次，母亲包饺子，别的人还没有到家，我和妹妹饿了，母亲说给我们先煮。第一锅饺子出锅的时候，我刚好出去，等回到屋里妹妹已经在吃了，看到妹妹先吃，我心里很不舒服。后来我反思我的心理，发现我已经被家人宠坏了，是以自我为中心的。但那时的反省只有这一些，没有深刻的内涵。内观给我提供了一个了解自我、发现自我的平台，我非常感谢内观中心的咨询师们。

要改变我所做过的错事是不可能的。然而，通过内观我能知道我的虚弱与罪恶，能了解我最阴暗的方面。这也许是我的最好的财富，它能使我在未来的日子里生活一帆风顺。

我在内观之后，不对任何人有意见，只有满腔感恩的心。宽恕他人，我亦得到宽恕；向他人致歉，我的问题也随之消失；感谢他人，我开始心里只有快乐。

这位心理医生的内观体验让我们知道，爱在一个人的生命中有多么重要。其实她一直在寻找的东西就是爱，认识到母亲的爱，也认识到她自己的爱，她或许已经从其中找到了爱，不因任何利益。有了最初深刻的反省，其他的事情也就一个接一个地想通了，就像一根线将许多事情串了起来。同样的道理，在几何学里一个很困难的问题借助一条辅助线就可以将其解决，这就是内观。

但我不得不被她那位让人敬爱的母亲感动，被一位不识字的普通的农村妇女的君子情怀所感动。她不知道什么是内观，但是，她的言行，在忠实地实践着内观。正像她的女儿说的："母亲的精神是内观人的精神。"

经历是一种财富，当我们点亮心灯时，就会发现没有无用的经历，凡事皆有联系，万物相依相生。如果没有她敬爱的母亲，她对内观不会有如此深刻的领悟。

二、公司经理的内观体验

接下来，我很乐意给广大妇女同志，介绍一个做内观的丈夫的案例。刘先生是一位国企的业务经理，他做内观不是因为一个很迫切需要解决的什么具体问题，而是他感到他与妻子不能很好地和睦相处，关系不如年轻的时候和谐。因为这个缘故，除了做他父母的内观外，我们要求他去特别地检查他与妻子的关系。

在内观结束后，我们按照惯例要求刘先生写下了他内观过程中最深的印象。下面是内观后，刘先生在他的妻子40岁生日时写的一封信，他说也给我们一份，作为他内观体验的日志，一并表示对我们工作的支持。

亲爱的！今天是你的生日，没有什么可以送你的，就写一些东西吧。出差前就计划着给你买生日礼物，因为这次时间容许。没想到我把脚崴了，很是郁闷。

我越来越感谢内观，内观是我人生中最重要的经历，它让我发现了我生命中最珍贵的东西，就是内观中说的“心里的宝藏”——那就是你。

这里，我将我的内观体验讲给你听，作为生日礼物与你分享。

我知道你在成长过程中受到了各种伤害，你是在被忽视和暴力中成长的。当时选择结婚，你想让我一辈子保护你，让你找到心灵的归属。但是，你仍然没有得到被尊重、被理解的体验，我将你作为我自己的私人财产爱着，让你完全依附于我，而不是作为一个亲人。这是由于我在童年时期的经历——家里极度贫困，被别人看不起、欺负——造成的。从上小学起，学校的学生和老师一提起我，就是一年四季穿一套缀满补丁的长衣服的那个男孩，在我倔强的外表下面埋藏的是一颗极度自卑的心灵。只有你完全地依赖于我，我才能实现理想中的我，在潜意识中树立起强大的我，我才有有奋斗下去的原动力。这次内观之前我只是感到有一些地方对不住你，而内观后，我发现自己从来没有这样深恶痛绝地恨我，曾千万次地呐喊：“对不起，我伤害了你！”

记得那时咱们还住在平房，在平房的院子里，你在辛苦地打扫院子，我由于找不着我要看的书而抱怨你，你被迫放下手头的活计，帮我找书，而我在一旁强词夺理，挖苦你、讽刺你，你却笑着对我说：“你怎么总是有理啊！”我仍然在数落你。我在外面是一个事业有成、人际交往成功的人，但在家里，我对我最亲近的人却是这样的。这样的事实，有谁相信呢？

内观后的你和以前一样，但是，我的心发生了很大的变化，真正体会到了什么是“境随心移”，心里有什么，就会看到什么。你还是一如既往地在吃完晚饭后将苹果洗好，再削掉皮、切开，挖掉里面的核和两头农药残留最多的部位，再切成牙，一牙一牙地送到我跟前。以前我从来没有用心去看这一切，而且还总是抱怨：“我不爱吃，你又来了，拿走！”现在，从你开始洗苹果，我就开始看这道美丽的风景，心中充满了幸福，天天看不厌。

当你要求我教育孩子时，我总是以忙于工作而逃脱责任，而你总是表示理解，从没有抱怨。但是，想起你无助的眼神，我真是后悔不已，那个时刻我没有考虑你的感受，对你而言，我确实是一个糟糕的丈夫，对孩子来说我不是一个好父亲。

进一步想想，在我看来，你热心而谦虚，大概是因为你营造了一个健康的家庭环境，另一方面我倾向于敌意对抗，大概是因为我爱追根究底和爱挖苦人的性格。我真不是一个好丈夫，我非常抱歉！

四天后，随着咨询师的引导，一幕幕往事在脑海中呈现，我无地自容，我是在你幼年尚未愈合的伤口上撒盐的那个恶魔。最让我不安的是：你仍然一如既往地爱着我，爱我甚过你的孩子、你的父母，我何德何能，有何面目去承受这样厚重的爱呢？每天内观的内容，让我万箭穿心，我恨我，没有能早点来体验内观，没有设身处地换位思考。如果你和孩子忽视我，我会歇斯底里、会发狂、会崩溃……你是我半夜回家时光着脚来开门的“佛”。

我要用我后半生的全部生命来爱你，我甚至担心你生病，以至于不能给我更多的时间去弥补我的过错。第一次，因为思念你而归心似箭；第一次，因为思念你而彻夜难眠。是我祖上的阴德让我如此幸运！

我总是对你的家人不屑一顾，你的母亲是那样喜欢我，每次我一进她的家门，她都会追着问：“想吃什么？我给你做去。”好像我能吃她做的饭，是她最大的荣幸，而我总是不耐烦地说“随便”，想起她老人家失望的眼神，我真的很内疚。再想想我，你回娘家一天，我做两个人的最简单的饭菜，都感到很烦，大部分时间都领孩子在外面吃，也不顾孩子的感受。不是源于亲情、源于爱，谁喜欢做饭呢？

我曾经因为追逐名利、热爱事业而误入歧途。我的顾客是我心中的上帝，我的工作是我的全部，我忽视了你、孩子以及我亲爱的妈妈，那是多么可笑和不真实。直到现在我才清醒地认识到工作是为了养家糊口，先进工作者是我生命里程中的一朵浪花，而你才是我终身的依靠，我爱你！怕失去你。

我意识到雄功伟业没有建构在爱的基础上是不能成功的，我可以体面地生活的想法对我而言是错误的，我意识到我只是以体面地生活为目标，而全不顾你们为我做了多少。

这个案例给我们的启示，正如东晋大诗人陶渊明在《归去来兮辞》中所说的："既自以心为形役，奚惆怅而独悲？悟已往之不谏，知来者之可追，实迷途其未远，觉今是而昨非。"意思是说：我长期以来，为了让我的躯体过得舒服一点，吃好一点，穿好一点，而去卑躬屈膝，做心灵不愿意做的事，让我的心倍受奴役，享受荣华富贵不是我的愿望，好在我现在醒悟了，可以重新再来。

人们在追求出人头地的同时往往会伤害周围的人，也伤害了自己，使心灵受到了奴役。可人们恰恰觉得这种出人头地是天经地义的，却往往忽略了他人，甚至自己的感受。

三、教师的内观体验

女，45岁，教师。这位女士来做内观是因为她的身体不好。她得了一种不好的病，虽然经过治疗目前已经没有了生命危险，但是经过这样的洗礼，她的世界观也发生了变化。有时她会很郁闷、很茫然，无所适从。一年前她的母亲也去世了，她情绪始终高不起来，经常在思考人活着到底要做什么。

治疗师首先让这位女士做对母亲的内观。

> 医生让我回忆妈妈，要求回忆从记事起妈妈给我做的一切。自从妈妈去世后，我头一次这样抽时间来想妈妈。
>
> 自从妈妈生下我，无论妈妈怎么忙，我一天总有很多次能看到妈妈，虽然妈妈很少会回过头来看我。后来我才知道，我们小时候是由奶奶带着的，但是，无论奶奶怎么爱我们，怎么抱我们，我们一直认为被妈妈抱才是最幸福的。所以，只要妈妈回头看我们一下，我们就会闹腾起来，不让奶奶带，会哭着让妈妈带。妈妈永远有干不完的活，没时间带我们。虽然看着我们也能做活，但是，妈妈总是克制着不去看我们，一则怕惹我们哭闹伤心，二则会耽误活计。
>
> 记得第一次想妈妈是6岁左右，妈妈带着大姐、妹妹去姥姥家，留下我和二姐，由奶奶看管。下午她们还没有回来，那是我儿时第一次感到心里空空的，特别难受，越来越想妈妈，一直哭闹，无论奶奶和二姐怎么哄都无济于事。最后没办法，二姐带我去姥姥家找妈妈（小时候觉

得姥姥家很远)，我们走到一半路程的时候，遇到妈妈她们几乎小跑步地往家走。妈妈见到我和二姐并没有责怪，我一下子扑在了妈妈的怀里，妈妈说，本来娘家人非要她住下，但是她心急如焚，等不到吃娘家人准备的晚饭，就急急地往回赶，怕孩子想她，幸亏回来了。

第二次想妈妈是在一中参加中考时，因为离家太远，中午没有回家，在操场上休息。不知不觉就开始想妈妈，那次想得不厉害，也自己开导自己：以后上学就在这里，一直想妈妈怎么上学？时间不长，很快就过去了。没想到以后想妈妈成了生活中常见的一个环节。记得在高中有一段时间住校，已经晚上十点了，想妈妈想得实在没有办法，给好朋友说了，她很理解我，陪我回了家。我们走了一个多小时才到家，妈妈很高兴地把我们迎到家里，安排我们睡觉。结果第二天到学校，听说晚上我们宿舍被贼偷了，有位同学的毛裤和裤子被贼偷走了，早上起不了床。那时的孩子都很穷，没有多余的衣服。

再后来就是在要去上大学的班车上，定西一过，就开始想妈妈，一直问哥哥为什么还没有到。哥哥送我上大学，非常开心，而我却一直处于与妈妈分离的焦虑中不能自拔。到榆中时，我实在忍受不了，要求哥哥带我回家，不去上学了。哥哥当然是晓之以理、动之以情。

到大学后，每周六都想妈妈，哭是周末必修课，同学们经常来安慰我。刚上大学的时候，学长们说，别看现在这样，五年后你就不想回家了。我很诧异，也很怕，想妈妈已经是我生命中的一部分，如果要拿掉，我是不能接受的。日子就这样过着，实在太想妈妈的时候，我会不顾一切搭夜班火车回家。为了看见妈妈，无论我用什么手段、什么途径，妈妈从来没有因此责怪过我，妈妈每一次见到我比我见到她还开心。寒来暑往，五个春秋，大学回家无数次，每次踏进家门的同时，都是用颤抖的声音呼唤：“妈妈。”

后来上班了，时间比较自由，离妈妈也近了，我受想妈妈的折磨少了。但是，我每一次回家都像是逃亡，什么都不顾，把要拿的东西拿上，几乎每次都是冲出门，奔往长途车站。每一次见到妈妈，妈妈都会对我目前生活中遇到的难题，用最朴素、最简单的方法和道理，让我放下或解决，这也许是我最愿意想妈妈的理由。想妈妈就可以见到，是怎么样的一种幸福！

治疗师："你回想起来的内容都很重要，但是，请你目前先按照我们给你的方向去回忆，请围绕那三个主题进行回忆。"（回忆起来的内容没有对错，但是要求内观者按照内观的主题进行。）

妈妈为我做的

我小时候，睡觉热了，早上起来眼屎会迷住眼睛，用毛巾怕孩子会疼，妈妈就会用自己的舌头将眼屎慢慢舔下来。

妈妈照顾我的衣食住行，无微不至。

小学时妈妈为我准备学习用品……

内观者能围绕主题做内观，最让她感动和难忘的是妈妈在去世前所做的：

5月1日回家，我一直在修改一次公开课的课件，没有和妈妈说几句话。事实上当时妈妈已经很少有力气说话了，只是静静地躺着。突然之间，我不想去妈妈身边，自己也不知道自己怎么了。

5月11日，我妈妈坚持要去乡下，说在楼上去世了会吓坏小重孙，担心小家伙以后害怕。哥哥以为妈妈不满意选好的坟地（本来妈妈的墓地应该在我们村的地里面，但由于我们村的地将要被征用，哥哥担心以后又要迁，就选了其他地方。我们村在东山，新选的墓地在南山），就请了一个年长的亲戚劝慰。妈妈说："咱们村的地政府要用，我没有那么糊涂，主要是怕吓到孩子。"妈妈去乡下，乡邻一直围绕在炕边，远房侄子媳妇和侄孙子一直坐到晚上十一点才离开。他们自己聊天，或者静静地陪妈妈坐着。哥哥在电话里说妈妈坚持去乡下的当天，我正准备开始讲课，心如刀绞。第二天就返回老家，看见妈妈侧躺在床上，看了我一眼平静地说："你来了。"然后安静地睡了。晚上前来探望的人很多，妈妈一直坐在炕上，对来人问一声，基本上不说其他的话。第二天早上妈妈吃了半碗鸡蛋汤，泡了一点馍馍，睡了，睡得很香。我在妈妈身边也睡了一会儿，梦见有一个不知哪里的房子塌了一个大洞。醒来后妈妈也想坐起来，外面开始下雨，越下越大，地里的妹妹赶回了家。妈妈开始很吃力地喘气，脸色不好，问："这是什么时候？什么地方？"我回答了她。我们姐妹全部在炕上，哥哥去上厕所了，也赶紧赶了回来，在后面扶着妈妈。我跪在妈妈眼前，妈妈看着我，在我的脸上摸了一把，我开始哭，嫂子严厉地说不许哭，我强忍住了，妈妈又在我脸上摸了一把。我感觉不对，赶紧和姐妹们一起给妈妈穿衣服。穿好衣服以后，我们将妈妈的头放在了哥哥的腿上，妈妈看了我们一眼，安静地闭上了眼睛，和睡着时一模一样。

这时她哭着说道："妈妈这样走了，为了减轻我们失去她的痛苦，尽了自己所有的力气，我们应该好好爱自己，那才是妈妈最想要的。但是对母亲的思念不是想通就能减轻的，更像暴雨说来就来。"

联想到她自己现在也身患重病，但是目前病情稳定，不影响上班和生活。她应该怎么样面对生活，心中已经有了答案。

我为妈妈做的：

我小时候很懂事。记得在农村大院，有一次爸爸出差不在家，邻居家有人去世不久。我晚上从来不起夜，那天不知为什么，半夜醒来，看见妈妈坐在窗旁，也没点灯。我很奇怪，问妈妈怎么了。妈妈说想去上厕所，又有些害怕，不敢去。我说"我陪您去"，妈妈很开心，回来的路上给我说，"孩子多了就是好，总有一个会帮你"。这句话对我鼓励很大，让我经常留心观察妈妈有没有什么需要帮助的地方。

我给妈妈添的麻烦：

有次我生病，妈妈来照顾我。她总是吃剩饭，我心里气不过，将剩饭倒了，结果妈妈端着一碗新米饭，眼泪汪汪地只是用筷子翻，吃不下，想着倒掉的剩饭，然后说她准备回家再也不照顾我了。我吓坏了，赶紧赔不是，表示不再倒剩饭妈妈才同意留下来。妈妈一直住在哥哥家，女儿没有紧急情况需要援助的话，妈妈绝不会离开自己的儿子，儿子在哪里妈妈的家就在哪里。妈妈说在自己家自由，想吃什么没人管，这是最重要的。

有一次在妹妹家，妈妈找出来一些剩的馍馍渣子吃了起来，我给妹妹说妈妈又吃剩馍了。妹妹很自然地说："妈爱吃，不要管，一管就生气了。"妈妈爱去妹妹家也许和吃剩饭方便自由有关系。

后来我又生病了，还是妈妈来照顾。有一天要上街买东西，我刚要出门，妈妈拿出她的钱要我拿上。我很生气，妈妈又不挣钱，她的钱是哥哥姐姐给的。我一把将妈妈推开，气呼呼地走了。等我回来，邻居同事将我叫到她家责备我，说我对母亲太不好了。我问什么事，她说我推开母亲后，母亲很伤心地去了她家，内疚地给她说："我老了，糊涂了，我的娃有病，我还让她生气，她怎么能要我的钱呢！"同事被母亲的心感动，等着我回来批评我。听完以后我的眼泪唰唰地流下来了。

生完孩子后我的身体一直不好，母亲很担心。有一次母亲打电话说事，我嫌母亲太啰唆，就在电话里吼她，然后把电话挂了。挂完电话我就很后悔，又很内疚，让爱人打过去给母亲道歉。结果电话打过去以后姐姐接上了，我爱人问妈妈生气了没有，姐姐说没有，妈妈接完电话还给她说："你妹妹身体可能好了，声音可大了，有底气了。"只有眼泪能表达妈妈对我的爱和我给妈妈添的麻烦。

内观两年后的感悟：

感谢那次内观体验，内观结束后，我对孝顺的认识完全不一样了。我以前只是有些"孝"，"顺"却一点都没有做到。当时妈妈已经不在了，也不能弥补什么，能做的也只有孝顺爸爸。可是往往子欲养而亲不待，爸爸两个月前被查出来有很不好的病，很快就去世了。

写这封信是为了感谢你们，在两年前爸爸还健康的时候，在你们的陪伴下，我对父亲做了一个很详细的回顾，使我明白了生命中最重要的东西——亲情，也学会了怎么去回报父母。所以这次父亲病了，我心里平静多了，因为在内观后的这一年我为父亲做了很多以前没有想过的事，包括将父亲从乡下接来和我们一起住。

每次回家后父亲仍然很威严，一贯强调工作最重要，年龄大了越发固执，有一些事一定要按照他的程序去做，有一点程序不符合父亲预先设置的，父亲就会当着众人的面大声呵斥我。以前我会生气，现在我只是怕气坏了父亲的身子，会紧张地看着父亲，或者只是冲着父亲"嘿嘿"地笑。我很诧异，我这样做了，父亲显得很不好意思，以后越来越温和，慢慢不发脾气了。还有一次是父亲去外地看姑姑，回来时给我买了一个当时比较时髦的围巾。我很纳闷，父亲一生没有给孩子们买过任何小礼物，最多买一点吃的。我困惑不已，问父亲怎么想到要买围巾，而且买得还很时尚。父亲说自己老了，越来越爱孩子了，是找售货员问的，问她今年最流行哪一款。这次父亲怎么这样细心？这让我对孝顺的理解也开始变化，能够感受到比较深层次的孝了。每次进家门，一定是先到父亲的房间，和父亲说一会儿话，无论白天黑夜。有时回来很晚，我也要叫一声，问父亲睡了没有。我发现只要我不回来，他就不会睡着。我坐在父亲的床边，给父亲点一支烟，说一会儿话，内容基本固定：今天见到的人、说了什么话、做了什么事、怎么做的。总之，是把自己当天的行踪给父亲唠唠。在我说的时候，父亲一直在发表自己的观点和看法，有时会批评我的一些做法不好，我仍然会"嘿嘿"地笑，这样将近两年，从未间断过。

端午节回家，爸爸因为姐姐做馍没有按他的要求做，不高兴。我看见父亲不高兴，去问姐姐，姐姐很无奈地告诉了我经过。我说你就听老人家说的，不要顶嘴，按你的去做就是了，他又不会一直盯着你。姐姐很奇怪，说我变了，我说这是孝顺。

家庭聚会时，有一道菜盐淡了，姐姐要求加盐，父亲说淡了好，老三（我）爱吃淡的。姐姐说家里过节这么多人，不能只照顾一个人，老人家却说要以老三为主。姐姐马上说："那就依您。"姐姐也学会了"孝"和"顺"，这样的正能量在我家一个个地传递了下去，没有遗憾地将父亲送走了。这些无不受益于内观。

第二节　患者的内观体验

我们的内观治疗中心，经常会接待一些曾接受过药物治疗的心理障碍患者，大多数为焦虑、抑郁障碍，也有失眠、酒依赖、人格障碍患者。下面分别举例说明。

一、失眠患者的内观体验

男，35岁，失眠15年，办公室职员。患者于15年前因高考复习紧张，压力过大，导致焦虑、失眠，未经系统治疗，时轻时重。自30岁有了孩子以后，症状明显加重，多方求治无效。最终经人介绍，患者来我院做内观治疗。下面是他内观一年后的感想：

现在回想起来，一年前的内观治疗，像一阵阵不经意的清风悄悄地改变了我生命的方向。天地无比宽阔，我现在一身轻松，走在曾经走过的道路上，感到新的生活在脚下一路铺开。

我曾经无数次地带着寻源的冲动，缘溪而行，逆流而上，寻觅曲径通幽的清静；有时独立顶峰，极目四望，可还是没有寻求到心灵的宁静。

内观后，我读懂了这句话：生命的意义本不在向外的寻取，而在于内在的建立。恍然间悟到世间万物其实并不在心灵之外，每个人都行走在自己的风景中，生命的意义若向外索求，无异于提灯寻影。

封闭内观的环境为心灵的自由提供了广阔的天地。内观治疗提供了一个封闭的场所，却是为了让你的心灵更加自由。回溯到过去，重新打量那个曾经的我，看他如何行走在这尘土飞扬的人生道路上，仓促地走了三十多年之久才到了今天，又是如何在一条窄道上越走越远，越走越黑，迷失在茫茫黑夜中，遑遑不知所求，遗忘了回家的路。

慢慢地，往事如早期黑白电影一样，无声而清晰，闪现在眼前。捡回那些遗失的身影，就如同摆放了一盆清澈的水，把我看得一清二楚，这等于是再活一次。人生的事情只有面对，才能释怀。时间并不能治疗一切伤口，因为有太多的往事已融入生命的最底层（潜意识里，封存在记忆里，没有随时间消失），或者说，生命本身就是由这些一点一滴的往事沉淀而成。

伤口并不因不愿正视而捂起来就会自动愈合，相反在不知道的情况下，它在慢慢地发炎、溃烂。内观就让伤口彻底暴露，然后看着让它愈合。

曾经，失眠就像毒蛇一般紧紧缠绕着我，白天昏昏沉沉，既感到烦事太多，又感到无事可干。大脑里是难以言说的难受，右耳旁的血管在“嘭嘭”地拼命向大脑供血，因而我急切期盼黑夜的到来，指望着这空荡的一天熬过去，然而欣喜并不会随着一天的结束而到来，焦虑却随着夜色的变浓而加深，越是对黑夜充满期待，失眠这条毒蛇就缠得越紧，那无边的黑夜没有尽头。我曾一遍又一遍近乎绝望地发问：“这是怎么了？怎么会这样？”夜色茫茫，这来自内心的质问只能是无言的呼告，我也只能静静地躺在床上敞开内心，却发现它早已是一片死寂的沙漠，连走过的脚印都无迹可寻。

我正是怀着对睡眠的极度恐惧接受内观治疗的。希望我能像猪一样呼呼大睡，没有得过失眠症的人也许很难理解猪的幸福。我总是认为这跟我父亲有关，蛮横、喜怒无常、不可接近，一肚子的怒气寻求着发泄的出口，发怒时脸上肌肉在做着剧烈的运动……这是我对他最为直接的印象。

这是我第一次到专业机构接受心理治疗。内观我是闻所未闻，再加上出于对那位给我介绍做内观的同事的信任，我对内观满怀期待。做内观那天，我心情很好，拿着铺盖，直奔医院。我到内观室一看，陈设原来这么简单：一张床、一张桌子、三把椅子，两块铝板犹如屏风般隔离出一个不大的空间，屋里能明显地看出刚打扫过。正式开始前我先填了一些表，是有关本次治疗的，治疗目的栏中我写道：“像猪一样呼呼大睡。”失眠逼着我把生存的要求降到最低，睡个好觉是我对生活的最高要求。

医生讲完注意事项就离开了，我一个人坐在两平方米的隔间内，半个多小时就开始急躁不安了，在屋里转来转去，越想越不满，这里一个稍复杂点的设备都没有，这种方法又是从日本传过来的，对我这个中国人有多大用处？简直是乱来，这日子要持续七天，这才开始，最后我索性走出去看风景。咨询师来了，我将我的想法告诉了她。她给我念了一段有关内观的引导语文字，告诉我内观最早来源于佛教。因为我始终认为宗教才有穿透苦难的力量，于是，我就按下满腹的狐疑，决定把内观做下去。到了晚上，咨询师最后一次面接结束时说：“祝你睡个好觉。”我有些失望，我以为她要给我施展催眠术，让我在内观时睡个好觉。第二天仍然是老样子，一点没有变化，我很吃力地按照咨询师的题目在回忆、体会。

但是，到第三天早上，一步一步，童年的情景从记忆深处浮出了水面，往昔的生活越来越清晰，我感到一切都明了了。咨询师面接时我说：“我已大彻大悟了，几近成佛，再做内观已没有必要。”咨询师说：

“内观治疗并不是立竿见影的，可能在半年后效果才会呈现出来，它只是给你提供了另外的可能，让你从封闭的圈子里走出来，学会换位思考。”

于是我继续做了下去，不知不觉中，心中的负担好像一下子没有了，在我的记忆中从来没有这样轻松过。

内观中，我开始重新认识父亲。父亲生于变革之世，长在饥荒之年。父亲三岁丧母，在他的亲生父亲那儿无异于物品，曾被换过面吃，又被赎回来了，在原本的家里，他难以感受到家的温馨。1960年，遍地饥荒，九岁的他成了一个极大的负担。在无人愿意抚养的绝境下，父亲向隅而泣，独自求生，后又扒火车到陕西，乞讨为生，一路从关中步行回家。天寒地冻，北风如割，父亲身上衣单似铁，腹中饥渴断肠，在轻蔑中乞讨，在孤独中行走在回家的路上。内观打开了我的思路，在回顾父亲往昔的沉痛中，我看到了他是多么渴望被人关心，他也是一个不缺乏温情的人。“几个最亲的亲人都骗过我，我还能相信谁?”父亲的内心深处，隐含的是对亲情不容置疑的否定。

于是我反省，认识到了自己陷入困境跟父母或许没有多大关系。父亲总在抱怨他的父亲，我又在抱怨他，这种反抗究竟有什么意义？既然反抗没有任何意义，那就是我给我自己设套往里钻。正如传道者所说：“人行走在虚妄的影子中，徒劳地搅伤自己。”因而我得感谢命运，以失眠和内观治疗的方式，让我走过了心路上的暗礁和险滩，毕竟人生注定是不可能一帆风顺的。

失眠让我明白了人的本质就在于残缺，而我已经拥有了许多。内观让我发现了世界的无限丰富。试着改变，去接受新的东西，平常所认为的负担就成了宝贵的财富。曾经的孤寂、焦虑、失眠，这些就是可遇而不可求的人生体验，人生的意义或许就是一个经历磨难后体味到世间的酸甜苦辣，化腐殖为营养的过程。

所以正是黑夜擦亮了我的内心。在失眠的夜晚，睁开眼睛，四周是一片没有回应的寂静，闭上眼睛亦复如此。细听之下，却有酣眠之声，从近旁传来，从极远处传来，从不知道的四面八方传来，它们合而为一，从那酣眠者的口里鼻里喷涌而出，在暗夜里均匀地起伏着，这是黑夜为了白天而奔波的声音，这是黑夜在深情地召唤孤苦无告的灵魂，就像黄昏时分母亲在召唤她的儿女。

明白了这些，对黑夜的恐惧感也就消散无形了，倒是对它产生了感激之情。

作者按：经过内观治疗，患者感到心里平静多了，气愤少了。他说："我应该对父母亲多孝顺，父母的付出是不要回报的。我觉得我以前坚持着一个错误的信念，现在我要改变。我发现自己是一个以自我为中心的人，以前怎么没有发现自私的自我呢？压力都是我想象出来的，我对人们充满了敌意，我也活得很累，现在就很轻松。"内观的这几天是他改变最大的几天，治疗的目的达到了，也认识了到人有多种活法，而他以前活得太累。

内观后回到工作岗位上，他又有所感触：

每次看到口舌如簧的人、自以为是的人、贬低别人的人，我就想到从前的我。

我的心境有了巨大的改变。内观前我极易从喜悦变得生气，但是经过一段时间集中做内观，我变得平静、自然，也变得镇静了。

因此，以前我只有一种思考问题的方式，这种方式非常以自我为中心，而我行事的方式也是以这种思维方式为基础的。现在我有了好多种思考问题的方式，可以在其中选择更好的，我很自然地为周围的人考虑，这种想法影响着我的行为，我感觉我像是一个全新的不一样的我。

我的朋友说我比以前更好了，也更容易交往相处了。当我想起过去的我，让我感到很惊讶，我真的很感谢我的内观经历。内观后我有机会与我的父亲交谈，他很高兴，他说内观让我如刀刃的个性变得平滑了。

爱他人不是喜欢与不喜欢的问题，有些人无兼容之心。以前，我想我不喜欢他们，但是现在我不能不喜欢他们。如果别人累了，我能感受到，现在我能为他做些什么？我为他沏杯茶吧？这是很自然的想法，绝没有一点强迫，所以我感到很舒服。这些事，过去我是不得不做，而现在是我想办法做。做完内观已经七个月了，现在我每天都在想类似的事。

在集中内观治疗后，我回到家庭和单位，我能看到每一件事，而且能讨论过去看不到的事。现在我很少生气和暴躁，而不是像过去总在想我该做什么。我想这应归功于内观。

我想这只是内观的入门阶段。日后我还会每天做内观，一点一点地进步，与晚辈、同辈和家人一起分享这种经历，我非常感谢内观。

我想象到一个乐园，我从狭窄痛苦的隧道里，进入了一个巨大广阔的海洋或空间。当我因为察觉到自己受了这么多恩惠和爱这样一个事实而感到快乐时，我意识到了内观的伟大。

二、社交焦虑症患者的内观体验

这是一位27岁的农村未婚女青年，非常勤劳、善良，由于存在人际交往上的问题，她不敢与任何人对视，所以，她一直生活在痛苦之中，并因此辍学，至今仍然无法谈恋爱结婚。村里人也议论纷纷，给她和她的家庭带来了很大的压力。她是否能够通过内观来找到解决问题的途径呢?

她出生后不久，母亲就去世了，她由奶奶抚养长大。小时候一直很自卑，因为一起玩的孩子们中间就她没有妈妈，她非常渴望母爱。

治疗师让她先从奶奶的内观开始。她的内观一开始什么也想不起来，脑子一片空白，头昏脑涨。咨询师进行引导后，她仍然不能回忆起奶奶给她做过的任何一件事，她说："奶奶一直很爱我，是最心疼我的人，但是，让我回忆起她给我做的一件小事都这么难，我怎么对得起她呢?"

第一天，她只是回忆了一些小时候其他的事情，在回想奶奶给她做的事情时很费劲，直到晚上终于想起来了一件事：5岁左右的时候，奶奶为她洗脸梳头。

她对奶奶有这样的阻抗，其实还是在寻找母爱。因为，在她的潜意识中，母爱在母亲去世时已经被带走了，如果她接受了奶奶对她像母亲一样的付出，说明她接受了母爱，这与她内心深处的认识相矛盾，所以，她拒绝接受。在治疗师提供的线索的反复引导下，尽管很费劲，她还是做下去了。

奶奶一心让我上学。一次放学后我没有按时回家，在外面玩，天气突然变化，刮起了大风，并下起了大雨。当我跑回家时全身都湿透了，奶奶一直在门口等我，让奶奶担心，我很对不起她。

冬天，奶奶每天晚上给我暖被窝、暖脚，奶奶用她的身体给我取暖，给我讲故事，我给奶奶挠痒痒。早上奶奶又在炕上暖衣服，怕我受冻。回忆这些使我感觉特别温暖，好像又回到了从前奶奶的炕上。

奶奶给我打耳朵眼。我不吃奶奶蒸的馒头，闹着要吃饼子，做的面片不吃，奶奶把面片用油炸了给我吃。奶奶每天早上都叫我起床，初中时，我做作业太晚，奶奶一直陪着我不去睡觉，为了让我多睡一会儿，她又要操心把我叫醒。奶奶那么大年龄了，为我熬夜，真是对不起她。

在上初中时，学习有些紧张，有一天奶奶身体不舒服，当时没有人照看小侄子，奶奶让我去上学，她抱孩子。她已经病得非常严重了，几乎不能吃东西，我很惭愧！初中毕业时，我由于现在的问题（社交恐惧）不能继续上学，于是辍学了，奶奶不同意我辍学，非常伤心地哭了。

在对奶奶的多次回想中，内观者认识到了奶奶非常关心她，说奶奶为她付出的她无法回报。内观者的烦恼、绝望、恐慌感觉明显减轻了，交流时也可以看别人的眼睛了。

在做了奶奶的内观后，她说了这样的话："自小一直被农村的一句俗语'没娘娃，站墙根'的阴影笼罩着，一直在寻找母爱，其实家庭处处充满着爱。"她的痛苦来源于不能接受母亲不在这个事实，但这已无法改变。

作者按：与其满脑子想我得不到、没有的事，还不如换个角度想我得到了的，幸福的源动力就掌握在自己手上。

接下来，患者又做了对父亲的内观：

试想一个没有母亲的孩子是怎样长大的，就可以想象父亲抚养我是多么艰辛。记忆中父亲经常给我买水果，给我零花钱，有时自己觉得不应该拿，但我还是拿了。父亲看见我穿的拖鞋很烂，给我钱让我再买一双，我没有买。父亲在百忙中抽时间给我买了双新的拖鞋，还怕我不喜欢，我非常高兴，一直穿着，穿了很多年。上学时有一次划破了手，父亲为我止血。

我想到好多给父亲添麻烦的事，父亲为我做了很多，我为父亲做得很少。父亲其实是个很细心的人，他对我的关心哪怕只是一句话也是让我很感动的。我感到非常惭愧！我要努力改变自己报答父亲。(开始和治疗师有短时间的眼神交流)

回想起在初中二年级时，我听到一个同学说我和另一个男同学关系密切，此后便慢慢地不敢看那位男同学，逐渐发展到现在不敢看所有人的眼睛。因此也影响了我的学业，初中毕业考试没有考好，我辜负了父亲的期望，没有体贴父亲。

现在父亲年纪大了，患有糖尿病，经常打针吃药，又操心我的婚姻问题（伤心流泪）。我的婚姻问题像一座大山一样压在父亲心上，这是我给父亲添的最大的麻烦。有时还向父亲要东西，我觉得自己很不懂事。

作者按：人生中有一连串不尽人意的事在考验我们，我们应该学习如何自己突破这些瓶颈，而不是找许多理由来搪塞，否则只能过着原地踏步的生活。

接下来患者又做了对哥哥的内观：

我想到哥哥为我买过一件红上衣，买过皮鞋，买过围巾。上学时他经常寄生活费给我，鼓励我好好学习，有时给些零花钱。一次学自行车，我将车子摔坏了，哥哥费了好大的劲才修好。我有时会忘了关水龙头，会惹哥哥生气。

内观之前，我觉得我是一个懂事的孩子，与父亲之间有着很好的关系。但在内观之后，一个全新的很重要的事出现在了我心中。我存在是因为我父亲的存在，我的出生、成长都靠着父母，所以我长到了现在。我的亲人为我做了许多事情，我却不能回报他们，我唯一能对他们做的事就是说一声“谢谢”！

父亲、奶奶和哥哥为我做了那么多，现在我这么大了还要让父亲操心婚姻的事。当时的我是那么愚昧、荒唐，绝望的时候觉得生不如死，可悲可笑。

现在想着不管怎样我都会好好地活下去，认认真真地活下去，以一个鲜活的生命报答父亲的养育之恩。不管结果如何，痛苦能否完全消除，我都要活着，我不想给亲人造成更大的伤害。

作者按：直到现在她才肯定了自己的经历，接受了母亲去世的事实，这就意味着她肯定了从过去到现在直至将来所有的经历，这对她来说是一个巨大的成果。内观治疗的开展，可以帮助患者消除不正确的感知，使积极的感知出现，这个案例很好地证明了这一点。

三、酒依赖者的内观体验

我们开展内观以来接受了26位酒精依赖患者前来做内观，均为男性，平均年龄33.3岁，平均酗酒史12.75年，文化程度分别为初中6例、高中12例、大专3例、大学5例，职业分别为无业4例、农民6例、工人9例、干部7例，婚姻状况分别为已婚19例、离异5例、未婚2例。根据美国《精神障碍诊断与统计手册》第四版（DSM-Ⅳ）均符合酒依赖诊断标准。

在治疗过程中，18例在开始两天出现“外观”，认为他是受害者，是家里人先对不起他，他才开始饮酒的，这种痛苦的治疗是对他的惩罚，经过引导顺利度过。3例先出现感谢之情，经与患者讨论先出现感谢体验是不对的，让患者知道大家都在犯错误，但不是有意犯错误，咨询师要求内观者站在旁观者的立场来进行内观，以后比较顺利。5例开始得很顺利。

有患者第二天就说：“这些内容我以前从来没有思考过，如果早一点做内观，就不会给家庭造成这么大的损失和伤害了。”在26例酒依赖患者中，18例第五天才进入进展期，阻抗比其他人大，进入内观状态比其他内观者相对要晚一点。患者对偷盗、说谎的内容的阻力均没有我们想象的大，大多数患者这一部分内容进展很顺利。计算抚养费后患者均不同程度地大吃一惊，感到痛心。12例随访三年，没有发生酒依赖，痊愈；5例回家后不久再次发生酒依赖（其中2例，三个月后要求再次进行内观治疗，随访三年，没有再次发生酒依赖）；3例再次依赖，无效；9例，好转。

对酒依赖治疗成功的关键：（1）良好的医患关系。这26例患者在治疗前与我们的医生就有很多次的接触，有良好的医患关系。酒依赖的患者如果没有良好的医患关系，他们很容易认为内观是对自己的一种惩罚而产生强烈的阻抗。（2）阻抗的克服。我们根据不同患者的具体情况，进行因人而异的引导。有一位患者是父母让他来做内观的，签治疗协议前和他谈话，他愿意治疗。但是，做了一天，他开始认为他是受骗了，我们劝说：“既然你来到这里做内观治疗，就算是这样，请你试试吧。”最后他还是进入了内观状态。（3）说谎和偷盗的内观克服。说谎和偷盗在酒依赖的患者中普遍存在，也较突出，对于能否自我批判、发现“真我”，说谎和偷盗的内观是极其重要的。对酒依赖的患者，我们将说谎和偷盗的内容放在与回忆母亲一样重要的位置，用一天半的时间进行。26例患者都比较坦诚，基本上没有阻抗，这一点出乎我们的意料。(4) 抚养费计算。计算抚养费对酒依赖者发现自我的罪过很有帮助。计算的结果让所有的患者大吃一惊，加深了内疚体验，发现内心深处的自己是那么自私，但亲人还是那样爱自己，他们发现了父母的新形象。

目前对酒依赖患者还没有较好的治疗方法，认知疗法时间太长。相对来说，内观治疗集中七天容易做到。内观疗法在综合医院心理门诊、精神科病房均可以开展，不妨一试。

下面介绍我们做过的个案中的部分内观体验，有助于了解酒依赖者在内观治疗时的认知转变过程。

男，33岁，初中文化，反复酗酒10年。赌博、夜不归宿，多次戒酒失败，妻子劝其来做内观。自幼由母亲抚养，母亲情绪不稳定，过度溺爱和歇斯底里；父亲脾气暴躁，对病人要求严格。病人性格外向，朋友多，倔强。

对母亲的内观：

一开始我什么也想不到。我总是觉得，我现在的这种情况，都是由于母亲太神经质造成的。如果我的母亲和其他母亲一样，在小时候给我一个好的环境，我现在会很好，都是她毁了我。母亲没有给我做什么。后来，在医生的引导下，我想起来了一些，母亲给我做饭吃、买衣服穿、洗脏鞋袜。但我认为因为我是母亲的儿子，母亲爱我，我是受法律保护的，母亲应该抚养我，所以，她做那些事是应该的。

但当我开始回忆细节的时候，出现了不同的感受。冬天很冷，一放学回家，母亲就端来热水泡馍。早上母亲给我穿上棉衣，然后才轻轻叫醒我。我开始有内疚感。母亲在半夜叫我上厕所，早晨五点半叫我起床背书，晚上放学回来时一直在路上等待我回家。

人们都会犯错误，母亲也是一个普通人，也会有缺点、脆弱的时候。母亲情绪不稳定，经常失眠，而这样一位女性如此扶养我长大，更不容易。这样，我开始从内心接受了母亲，也就是接受了母亲的爱。

上初中时，母亲抛下弟弟妹妹专门来城里租了一间房子为我做饭，现在我觉得我不应该太自私。记忆中我从没有打扫过房间卫生，也没有叠过被子，都是母亲做的。有一次母亲发烧，叫我陪她去看病，而我很不情愿去。现在想想，我十分内疚当时没有为母亲做任何事。

想了这些问题，使我平生第一次认识到了我是一个很自私的人，周围的人都围着我转，而我为别人做的却很少。

有一次酒后和老婆打架，母亲劝架，我将母亲推倒在沙发上。作为母亲，被心爱的儿子这样对待，她心里会有多难过！也不知道我给她老人家造成了多大的伤害。

这几年母亲到处奔波为我找戒酒的方子，她有一次从外地找了一个戒酒的中药方子，取来中药，熬好让我喝，母亲捧着药走到我跟前，让我喝药时期盼的眼神，现在仍然历历在目。但母亲的养育之恩，我早已抛到了九霄云外，30多岁了不能自理、自重，我非常难过。

母亲给我们带孩子，我从来不给孩子的抚养费，母亲没有一点怨言地疼爱着我的孩子。直到现在母亲还是坚持给孙子做饭，尤其是我儿子上小学一至三年级时，上学基本上都是她接送。母亲包揽了全部家务，换来的是我的酗酒、不回家。有一次我的孩子走失，只是一个下午，我找遍了整个市区心急如焚，只想最可怕的结果。换位思考，我无数次地饮酒，无数次地不回家，我无法想象那些日子母亲是怎么熬过来的。

母亲日夜为家里的生活奔波，在家中母亲劳苦功高，送走老的，抚养小的。我原来怎么从没想过这些？想到这里，我心里十分内疚。最突出的体验是我从没有感到过母亲的伟大，这一次内观使我深切地感到了母亲是一个了不起的人，体会到了母亲的艰辛和无奈以及对我的疼爱。我是一个自私的人，以自我为中心，从不关心亲人。欠母亲的太多，我应去还，心情比较沉重。

对父亲的内观：

一开始阻力很大，因为患者一直记得父亲在他很小的时候，将他倒挂起来毒打，锁在家里不让出门。

他把我不当人看待，对待我像对待狗一样。我在窗户里可以看见远处玩耍的孩子，我快急疯了。这给我造成了严重的心理创伤，致使我性格扭曲变形，埋下了借酒消愁的祸根。我认为自己做得对，到目前为止这种状况都是父亲逼出来的。父亲一直不喜欢我，处处对弟弟妹妹好，从不对我好，弟弟即使做了坏事，父亲也会向着弟弟。小时候父亲经常打我，从没有好脸色。不是母亲呵护，我早被父亲打死了，活不到今天。

患者对母亲的内观开始有一些阻抗，但是，很快就进入内观状态，进展得比较顺利。按我们以往的经验和内观发展的阶段，尽管患者对父亲一直持有偏见，也没有想到他会对父亲有如此的阻抗。经过讨论，我们决定先消除阻抗，再让他做父亲的内观。

内观治疗师："父亲对您确实有些暴力，请您将父亲加在您身上的所有暴力，逐条写下来。"

内观治疗师："有100条吗？"

内观者："没有。"

内观治疗师："那有70条？"

内观者："可能没有。"

内观治疗师："有50条？"

内观者："这个……"

内观治疗师："好的，请您试着全部写下来，下一次面谈的时候给我。"（给患者纸和笔）

接下来的一次面谈：

内观治疗师："刚才的一段时间，您做了哪一方面的回顾？"

内观者："你走了之后，我开始写父亲对我的暴力事件，后来写不下去了，还是开始做父亲的内观。"

内观治疗师："哦，那你回顾了哪些方面的内容？"

内观者开始陈述：

小时候父母农忙时下地，我家门前有条河，淘沙的人在河道上淘沙时挖了很多的坑，也不回填，每年都有孩子去游泳不慎淹死的事情发生。父亲是个很细心的人，每次他下地前就将我锁在家里不让出门，怕发生意外。我前面给你们说了，由于这件事，我一直很恨父亲，但是现在想起来，当时父亲也是为我着想，担心我的安全才那样做的，他一定也不愿意让孩子失去自由。

后来想到了父亲做的其他事情，从小到大父亲一直很关心我的学习，在我的学习、生活上都花了不少的时间和精力。上初中时，我的各门功课都很差，父亲在学习上对我的关心和帮助最大，经常请教师为我补习数学和英语。为了我的安全，父亲每天骑6公里的自行车接送我上学，来回4趟，十分辛苦。现在我当了父亲，更能体会父亲当时的良苦用心。我至今连小小的一件事都没有为父亲做过，而且一直因为一些小事对父亲怀恨在心。

上班、成家后，父亲仍然常常在经济上帮助我，我曾因酗酒等原因花了许多钱，都是父亲垫付的。我现在觉得自己是一个自私的人，只给别人添麻烦，却体会不到，如果我有这样一个儿子，那是非常麻烦的事。父亲无论对我做什么，出发点都是为我好。我开始有自责心理，觉得对不起父亲。

回顾父亲的经历，父亲一生坎坷，为我做了很多。我现在觉得轻松，有了幸福喜悦的感觉。通过回顾与父亲的关系，我发现其实在三个儿子中父亲是最偏心我的，但我也是最让父母伤心和放心不下的。

回想以前的日子，我一直吃喝玩乐，过得很幸福、很滋润，好像从没有烦恼。通过内观我看到了这种自由很不好，我表面上整天忙忙碌碌，呼朋唤友，其实是一种内心深处的空虚、不安。毕竟我的人性没有完全丧失，这种不安源于亲人焦急的期盼，内观对我来说是一次奇妙的经历。

内观以前我认为我是个不幸的人，不幸占多数，父亲暴躁、母亲神经质，内观过程中我感到不幸和幸福都有，各占一半。目前我觉得我还是幸福的，父母有他们的人生，他们已经尽力做了他们应该做的事。

做内观很累，因为酗酒会劳民伤财更觉得累，我现在没有去酗酒的想法了。这几天我回想了从未回想过的许多事，我现在感觉到全身心都很放松。对家庭来说我是个罪人，给家人造成了很大的伤害。我对母亲冷漠，觉得母亲很可怜；父亲一如既往地爱我，我要主动和父亲改善关系。总的来说，我好像是一个传销员，专骗善良的人，我是个罪人，我非常惭愧、十分内疚。

作者按：行为偏激的孩子，很多都是原本个性比较突出的类型，正因为如此，才容易展现出比同龄人更极端的行为。他们因缺乏关爱而充满攻击性，容易犯罪。

通过对患者在年幼时父亲给的创伤的回顾，患者一吐为快，让他从噩梦中获得了解放，残酷的回忆让他活得痛苦，面对过去的事实才能过他从噩梦中醒来。

随访：六个月后患者又来到了医院，要求再次做内观治疗。自从上次做完内观后，他再没有饮酒，但是仍然爱发脾气。他做了第二次集中内观后，我们随访了他一年，他未出现酒精依赖。

四、人格障碍患者的内观体验

男性，24岁，“情绪失控，打骂母亲10年，严重打骂母亲2年”，因此来住院治疗。他在来医院以前，已经在省内外几家大医院住院治疗过，各医院诊断基本一致：人格障碍。病前性格：倔强，要强，有毅力。有一段时间患重症肝炎，他也没有放弃学习，在三年之内自修完了本科全部课程，通过了自学考试，拿到了本科文凭。

他出生于较封闭的农村家庭，家中只有他一个男孩，母亲过分宠爱他，自幼喜欢与比他年龄小的朋友玩，少与同龄人交往。13岁开始没有明显原因地殴打母亲，初中毕业后学习成绩很好，想要上大学，因为家里经济拮据，经父母劝说考入某中专学校中医班，毕业后在某医疗机构工作。中专期间他经常抱怨父母不让他上大学，动辄对父母发脾气、殴打母亲，母亲为此经常流泪，患者看到这种情况，说：“母亲是为了拉拢我的思想故意哭的，母亲这种人打了就乖了。”后来由于单位不发工资，患者自己开了诊所，医术很好，生意兴隆。但他对母亲的打骂不断，甚至一天两三次，母亲遍体鳞伤，患者从来没有流露出过悔恨之意。而他母亲无论受多少委屈，由于担心儿子的荣誉从不给外人讲，母亲经常偷看儿子的日记，目的是看儿子打了她以后有没有后悔之意，但从来没有看到过儿子有后悔之意。患者在入院前10天无明显诱因地自我感觉良好，看不起任何人，言语夸大。送来住院治疗，住院后医院组织会诊，患者入院后思维联想加快、情感高涨、意志增强。诊断为“人格障碍、躁狂发作”，用情绪稳定剂治疗15天后情感症状消失。患者请假出院，在请假出院期间仍殴打母亲。一周后返院，医生询问患者为什么还要打母亲，患者说：“母亲对我太好，我压力太大，心烦，打了就会平静一会儿。”无情感障碍症状，继续用情绪稳定剂维持治疗。患者也开始认为自己有心理问题，要求进行心理治疗。我们给他推荐内观治疗。

治疗前与病人讨论了治疗的方法、具体的操作过程、要达到的目标。与其他病人治疗前谈话的区别在于，重点强调了在内观治疗中检查与母亲的关系是他内观治疗的关键、可能出现的困难等等，患者表示理解、认同，决心通过内观让自己有所改变。

我们总结以往内观治疗的经验，为了减轻他检查与母亲关系时带来的阻抗，决定让他先从回顾父亲开始。

第一天：

父亲为我做的：

我是家里唯一的男孩，自从出生后就受到了父亲特别的宠爱。在我很小时，大概四五岁吧！镇子上唱戏，父亲带我去看戏，我走累了父亲就把我放在他的肩头，我坐在他的肩头上，可以看到很远的山，特别舒服。随着父亲的脚步，远处的山起起伏伏很好玩，我也很开心。到戏场后，父亲给我买了很多好吃的，看戏时为了让我能看得见，还是把我放在了他的肩膀上。父亲很爱看戏，可是我看了一会儿就闹着回家，没办法，他又把我驮回了家。但是，吃完晚饭后，我又要闹着要去看戏，父亲为了哄我，给我剪了一个灯影子（皮影戏），和我一起玩，父亲很有耐心。

我为父亲做的：

我给父亲端过饭菜，端过茶。

给父亲添的麻烦：

父亲在去亲朋好友的宴席时，经常会带上我，我吃得开心、玩得也开心。后来我长大了，还要跟着去吃宴席，父亲说长大了不能去，讲道理我听不进去，坚持一定要去。最后他生气了，打了我一巴掌，这是我一生中父亲唯一一次打我，我给父亲添了麻烦。

日记：今天内心有从未有过的安静，我想起小时候与父亲在一起的日子，很温馨，很幸福。虽然有时思想抛锚，但是，我要坚持下去，希望内观能帮助我。我很痛苦、很累，睡了。

第二天：

昨天晚上我睡得很好，好像梦见我又在家里发脾气，梦境不清楚。爸爸一直对我百般照顾，我也很乖，下地做农活时他带着我，从来不让我做累一点的活，只是拿个工具什么的。他说爸爸累了一辈子，你只要好好学习就是了。爸爸在家最心疼我，我为爸爸做的就是努力学习。爸爸对妈妈要求很严，标准的大男子主义，对两个姐姐和妹妹也很严厉。有一次，我不小心把辣椒盒打翻了，辣椒油溅到了我的裤子上，父亲指责母亲没有放对地方，让孩子打了。

作者按：一开始我们也不知道这位浸在亲人“爱”中的内观者，为什么对母亲这么暴力，在这里我们似乎看到了一些端倪。

内观继续：

我小时候身体不好，有个气管炎的毛病，爱咳嗽。所以，冬天父母不让我出门和其他孩子玩。我比较瘦小，在家全家人都让着我，在外面也怕我受欺负。父亲尤其疼爱我，生怕我着凉，气管炎复发。春节前赶集时，父亲为我买了一顶很暖和的棉帽子，带上很神气……

但是，初中毕业后，我要上高中，以后考大学。父亲说你已经考上中专了，从农村出来吃公家饭就可以了，要去县城上学，花费太大，家里也负担不起。我头一次和父亲闹翻，这成了我一辈子的遗憾，也埋下了祸根。我一直不能原谅他们，今天想起来，父亲确实没有那么大能耐挣钱供我继续上学。我心里平静一些了，以前想起这些就难受。

这位患者第二天下午就做完了父亲的内观，我们没有紧接着安排对母亲的内观，而是让他对父亲再做一个回顾。因为这位患者的主要问题在于和母亲的关系，而据内观过程理论结合我们的经验，大部分人真正进入内观状态是在第二天下午或者第三天早上，也就是说第二天下午到第三天早上的这段时间对内观者来说是一个分水岭。鉴于这位内观者的特殊情况，我们计划避开这个分水岭后，再让患者开始对母亲的内观。还有一个条件是，这位是我们的住院患者，有足够的时间做内观，不一定要在七天内结束。实践证明，我们的决定是对的。经过之前的准备，患者在对母亲的内观时没有出现我们担心的强大阻力。

第三天：

对母亲的内观

早上7点到9点的内观内容：

5岁时，妈妈有一次不管他，下地去帮助他的父亲干农活了，顾不上做饭，他饿坏了，恨妈妈。而在起初回忆母亲对他的好处时，他没有深切的情感反应，认为母亲对他的过分宠爱，给了他太大的压力，对他造成了种种麻烦，也就是出现了“外观”。

我们对病人讲：“现在你紧紧围绕咱们讨论过的三个问题进行回顾，请暂时放弃评价母亲对你宠爱的结果。”经过引导，患者顺利度过了这段时间，进入了内观的进展阶段。

早上9点到10点半的内观内容：

母亲为我做的：

妈妈给我把衣服洗干净，闲下来又给我做了许多好吃的，藏起来，不让姐妹们吃，只让我吃。妈妈每次下田的时候我总是哭着不让她走，妈妈不忍心让我哭，每次都让奶奶提前把我藏起来。有一次，我实在太想妈妈了，想起妈妈在家的时候我玩起来都有劲，于是我偷着去田里找妈妈了。妈妈什么事也不让我干，我挑食，她就每次给我单独做饭。有一次不知道因为什么爷爷打我，妈妈袒护着，结果叔叔来了，向着爷爷说话，妈妈拼命也没有从爷爷手里拉走我，家里的人一起攻击妈妈，说妈妈惯坏了我。

我为母亲做的：

有一次妈妈得病，我给妈妈喂饭，每天如此，妈妈恢复得很快，我也受到了家人的夸奖。我要看电视剧《西游记》，妈妈为了在半夜2点多叫我起床看《西游记》，她不睡觉干活织毛衣，一直到后半夜，2点多叫我起床后，才睡觉。

患者继续回顾：

父母为了供我们上学，到处借钱、贷款，在我初中毕业时，父母为了供姐姐上大学已经债台高筑了。其实家里就我一个儿子，我上不了大学他们比我还难受。

读初中时，母亲为了多卖几块钱，将几十斤粮食背到了20公里外的集市上去卖。母亲把她碗里的一丝鸡蛋都会给孩子，我太让母亲伤心了。(哭)

患者能具体地对每一件事进行回忆，思维活动丰富且活跃，并出现了情感体验。面谈时患者神情凝重，说："母亲几乎把全部心血都给了我。"患者在日记里写道："我怎么能走到这一步，对母亲恩将仇报……"他说他已经很后悔，不可能再打母亲了，请医师通知母亲来医院探望。第五天病人已经有了"真我"发现，认识到了他过去的罪过，体验到了母亲深切的爱，在日记中写道："母亲为了维护我的荣誉，遍体鳞伤，而在别人面前强颜欢笑……我该怎么面对母亲?"

内观结束后，我们请他母亲来医院，患者对母亲的态度有了很大转变，对母亲关心、顺从。当我们将病人的内观记录读给他母亲听时，他母亲哭成了泪人，说："不管孩子以后对我怎么样，他有后悔的心，我就知足了。"我们让他紧紧地拉着母亲的手，患者开始大哭。

他在内观结束的小组会上表示：

母亲为我付出了这么多，我一直以来不敢承认，因为我一直以怨恨为力量而活到了现在。因此我害怕正视自己时，会因为否定自己而让这股力量消失，就像一个人的信念破灭了一样，让自己无法接受。

内观给了我一个很好的思考自己的机会，我只是沉迷于亲人对我的喜爱，而完全忽视了我给身边的亲人引起的麻烦。我任性而固执，责难他人只为坚持证明自己是对的，这都来自于自己狭隘的想法。当我开始意识到这种倾向时，我认识到了自己没有资格去责怪他人。然后，当我意识到我不试着夸大自己时，我感到很舒适。

在我承认了错误之后，我想我过去总是想让自己更强大、更了不起，这完全是感情不成熟的表现。我看到我的形象回归到了生活本来的状态。人们经常注意他人的错误，却很容易忽略他人的长处，得到表扬时许多人都会高兴，当他们被大声斥责时，很少有人会不感到耻辱。当你自负，你的长处就会变成障碍，如果你正确地对待自己，你的障碍也会变成长处。这些就是我从研习内观中学来的，我以后要将内观疗法用在我自己的病人身上。

作者按：这位患者有坚强的意志，可能是内观起效快、效果好的原因之一，这符合内观疗法关于被治疗者的性格特点的理论。随访两年，患者再没有殴打过母亲。

这位患者总是感到自己时运不济、不幸，怨天尤人，总把自己的需求放在首位。当需求无法被满足时，他总是找很多借口来自圆其说，诸如母亲的爱给他的压力、家境贫困等。这种无法满足又得不到的心理，很容易转换成受害者心态，受害者心态会让人产生各种负性思维和情绪。负性思维和情绪与过去的经验相互影响，人对事物的理解就会出现偏差，进而走向歧途。

五、抑郁症患者的内观体验

这是一位31岁的女性技术人员。病前性格：倾向内向，要强，有毅力。出身于农民家庭，自幼很受父母宠爱，与父母关系密切。因话少、发呆、怕见人，并有自杀行为，于半年前首次住院治疗。诊断为抑郁症。该患者于一年前觉得工作劳累，力不从心，并有话少、担心工作干不好的情况出现。她怕见人，说有人监视她，整天唉声叹气，态度消极，用铅笔尖扎自己的手。她不知料理家务及照顾孩子，曾使用奋乃静及盐酸文拉法辛胶囊治疗，好转。出院后仍然对丈夫做的一切挑剔，一家人小心谨慎，患者仍不能满意以至情绪低落的情况一直存在，不愿意坚持服药，要求进行心理治疗，与患者讨论后我们决定给予内观治疗。

开始后的两天，患者的注意力不能集中，对制定的内观内容回顾肤浅，缺乏深切的情感反应，思维摇摆不定。在我们进行指导时，患者对“别人为我做的”开始两分钟尚能扣住主题，随后思维转向“我为别人做的”，并且描述详细。此时我们从“别人为我做的”当中选一件令患者高兴的事让其重述，并鼓励其继续，对患者的转向不表示任何态度，以免强化患者的戒备心理。患者第三天开始出现疲乏感，她觉得筋疲力尽，无聊、空虚，有放弃治疗的想法。但她认为在这种痛苦的治疗中医生对她这么好，肯定是有帮助的，还是坚持了下去。第四天她便进入了内观状态，“别人为我做的”大量涌入患者脑中，她总觉得回顾的时间不够。我们仍按计划的分段时间七天完成了内观。

患者是这样描述她的心理转变过程的：

在患抑郁症的时候，我觉得这个世界把我抛弃了，没有人会在乎我的感受，活着没有一点意思，经常想自杀。

但想想母亲，我有病妈妈心里很难受。自从我住院后，妈妈的体重掉了10公斤，如果我死了，妈妈也许也会选择去死。通过今天的内观，我想到了母亲为我做的点点滴滴，我非常感动，我还没有报答母亲的恩情，我不能再有这种悲观厌世的情绪和想法了，会让家里人跟着伤心。

我发现这种不良的情绪源于初中阶段对母亲态度的转变。那时，我认为我的母亲是最差的，处处、事事不理解我，当时让我感到很孤独。我想把学习搞上去，但又经常看电视，学习成绩差，又怕吃苦，不努力。我自尊心又强，这让我陷入了矛盾之中。今天，我想起了在初中时母亲对我非常好，我的成绩再差，母亲都不会责怪我。有一次我考36分，母亲还鼓励我，说不要泄气，会赶上去的，现在想起来母亲是最好的。母亲操办了我的一切生活所需，袜子都是母亲洗的。为了找一个出名的化学老师给我补课，母亲东奔西跑。我成绩再差，母亲仍然没有一点怨言。没有考上好大学，我心情不好，还给母亲发了脾气，躺着不动，母亲一点都不生气，仍然开导我。

在大学，同学们知道母亲的所作所为后，都夸我有一个好母亲。但是，我一直认为母亲不太好。我不应该夸大母亲的缺点，人都会犯错误，母亲也是人，而母亲对我却从无怨言。我认为母亲错了，是从我的见识出发，用狭隘的思想去理解伟大的母爱，是多么自私啊！

工作后，我常常给母亲打电话，一有时间就去看母亲，母亲听到我的电话总是那么高兴。想起母亲为我做的事情和母亲高兴的样子，我心里升起了一种非常温暖的感觉，好像我的心一下子热了起来，这种感觉以前从来没有过，内观真是一次奇妙的经历。自从上初中厌恶母亲开始，我就从没有快乐过。

再回想我的孩子，每天下班孩子听到我的脚步声就给我开门，我生病后，不和孩子讲话，给他的心灵带来了伤害。我变得自私，没有尽到做母亲的责任。回想丈夫为我做饭时的情景，我很感动，反思我的一切，走过的路，我觉得我对不起父母和家人，没有想到他们的艰辛。索取得多，没有奉献过。现在我一定要与医生配合，坚持服药，战胜疾病，来报答父母、丈夫和孩子，我绝不失望，也不会让亲人们失望。通过内观，我没有再服安眠药，也睡得很好。

作者按：结束内观后，患者对内心深处自私的自我有了新的认识，“我给别人造成那么多麻烦，他们还是一如既往地爱着我”。患者“能体谅父母的养育不易”，一颗“感恩”的心被发现，认识到了“我还没有报答，要为爱我的人活下去”。患者对待病友的方式也有了很大变化，如刚入院时将病房的凳子占为已有，不让其他病友坐，内观治疗后这种现象没有了，还将家人送来的食物分给病友吃。

随访：患者回家后，怀着平静的心态对待父母的唠叨，能以宽容之心对待父母，也对父母较以前关心。她觉得丈夫为了这个家忙里忙外很不容易，对丈夫有愧疚感，所以减少了许多的挑剔，对丈夫有了更多的宽容。患者来院复查时常给病友带一些食品，给医生讲婆婆对她很好。她和同事之间的关系也改善了，工作之余有时一起玩牌。她能主动坚持服药，我们随访六年，她病情稳定，从来没有复发过。他们夫妻逢年过节一定要打电话问候我，给我们全家致以最真诚的祝福。

该例患者曾使用抗抑郁药物治疗，病情虽有所好转，但情绪低落没有完全缓解，并且对家人的态度均有敌意。我们针对患者在成长过程中父母只重视物质满足且溺爱放任，忽视心理沟通所形成的自我为中心的性格，每次指导时以打破自我为中心为导入点，进行了有顺序的内观回顾。在治疗之前，我们曾担心内观过程会使抑郁加重，导致严重后果。在实际操作中，患者在第三天出现过一次消极念头，但这种消极念头是在感受到父母的慈爱之后，在自己内疚、后悔感的基础上产生的，与抑郁症的消极有本质的区别。患者认识到了自己情绪不好的根源是从上初中厌恶母亲开始的，因此就从没有快乐过，她说：“幸福是从寻找到母爱开始的，从漠视母爱结束的”。

作者按：做抑郁症患者的内观时，根据我们的经验，若存在自杀倾向的威胁就不能做内观。自杀倾向在回忆困难和本人不愿意做时也容易出现，所以，对于抑郁症的病人一定要严格评估其病情和心理特征，进行自杀风险评估。内观动机不强时不要做，做之前一定要与精神科主管医生进行深入的沟通。在治疗过程中一定要限制题目，严密观察心理变化过程。

六、强迫症患者的内观体验

我们对于强迫症患者的内观尝试，已经进行了十多年。在临床上强迫症的内观案例我们收集得最多，总体效果很好，我们也最有信心做。因为可爱的强迫症患者，都是认真的、追求完美的，对内观的依从性非常好。患者在被强迫思维控制后，再辅助进行内观治疗，效果更好。有一些患者如果他的强迫思维对他的影响不大，也可以带着症状做内观治疗，下面就是这样一个例子。

女性，21岁，未婚，学生。大学文化，出身于农民家庭。因强迫症曾在多家医院就医并住院治疗，曾服盐酸氯咪帕明片、百忧解等药物进行治疗，疗效不稳定，时好时坏。患者强迫思维4年，主要症状为：路上如果有人看了她一眼，就不能忘怀，开始想："他们为什么看我，有什么企图？我的发式、服装今天有问题吗？他们会来找我吗？"自己明知没有意义，但仍然无法摆脱，她因此非常痛苦。病前性格：温柔、外向。

在治疗时，患者强迫思维减轻，但是出现了强迫动作，开始不由自主地关注她的牙齿，有不能理解的动作出现，因此无法面对其他同学，特别是异性。患者有强烈的求治欲望。但是，我们担心强迫思维让她无法进行深入的内观，经与患者协商，建议患者进行药物治疗让强迫症状减轻后再进行内观治疗。患者对药物治疗接受程度差，要求用内观治疗。在这位患者的内观过程中，她自己发现了问题所在，给我们的其他治疗找到了突破口，这为帮助患者摆脱强迫症奠定了基础。

第一天：

母亲为我做得最多的就是在我生病时，母亲总是很着急，到处找医生，有时也讲迷信，直到我病好了母亲才能松一口气。上小学时我不起床，她想了好多办法叫我起床，有时候还给我把上衣穿上了再叫醒我。我小时候还很容易丢东西，母亲经常帮我找东西，我被别人欺负时母亲的表情总是很伤心。现在回想起来，母亲拉扯孩子真的不容易。

听到母亲说被狗咬了会死人，从那时起我就害怕狗，一想起就怕。后来，我又担心尿床，越担心越尿，觉得有些奇怪，我为什么会为那么细小的事担心呢？而且，我现在想起当时的情景还是有点紧张，觉得这是一种负担。

我小时候很容易哭，给母亲添了麻烦。母亲帮我洗衣服，给我做饭。有一次在一个不太熟悉的同学家吃了饭，母亲很不高兴，并批评了我。我的学习成绩下降时，母亲也不高兴。我上高中时母亲想让我进尖子班，可是我的成绩不理想，我哭了两天，母亲很着急，想了很多办法，可还是没有办成。我体会到了母亲很辛苦，认为无论怎样母亲都是为我好，现在我上大学了，更加思念母亲。

第二天：

以前我总认为我的成长环境不理想，有时觉得回想就像在写一篇作文一样。但让我奇怪的是，我这两天并没有出现内观前不由自主地想同一问题的情况，所以我一定要坚持回想下去（这样就可以做下去）。我以前认为母亲为我做的事情都是天经地义的，在回想完母亲为我所做的一切后，才认为母亲太辛苦了，我深感自己对不起母亲。我现在认为母亲虽然没有像电视、电影里那样伟大，但她还是一位伟大的母亲。万一母亲不在了，我回家喊一声“妈妈”都没有人回答。

第三天：

内观者能完全投入地进行思考。

我感到昨天好像翻山越岭，今天很轻松，我觉得治疗很有意义。我想到小时候在我的换牙阶段，乳牙还没有完全脱落时，由于父母的无知，他们在我睡着时拔掉了我的乳牙，当时给我幼小的心灵留下了较深的阴影。这可能是我后来很注重外表，不由自主地关注牙齿的原因吧。现在想想父母当时的知识水平，他们也是认为这样会对我有好处才做的。无论结果如何，他们的出发点是好的，如果他们知道我现在的心理障碍与他们当时的行为有关，不知会有多难过！

有一次我生病了，不想吃药，也不打针，让爸爸很为难。爸爸就将药放在了饭中，我觉得味道不对，吃不下去，现在想起来都恶心。我很理解爸爸，爸爸没有办法才这么做的，都是为了我好。我曾想着在爸爸腿痛时给他按摩，可我没有做，只是为父亲买过一次酒。

上初中时，父亲托人把我调到了一个较好的班。一天和母亲吵架，父亲很生气，打了我一顿。我觉得父亲为我做了许多的事情，我为他做得却很少。父亲为我掏过耳朵，买过一件衬衣，我给父亲洗过脚。我感到对母亲的回忆不够深入，决定向大夫敞开心扉。父母把我抚养长大很不容易，我不应该老发脾气，以后要对他们好。想到现在好像我心里的疙瘩解开了，觉得没有什么可担心的了。

父亲为我做了很多。我小时候，他进城就一定会给我买我爱吃的东西，比如葡萄干、糖果等零食，所以我经常盼着父亲进城。父亲常常省吃俭用，而我却很浪费，想到这些我内心特别内疚。父亲很疼爱我，在生活上对我照顾得很细心，常常问我吃得怎样、穿得暖和吗。我恍然大悟，父亲为我做了那么多，我为父亲做得很少，一些很平常的事都没有给父亲做过，现在有些惭愧！

父亲很疼爱我，他抚养了我，教育了我。我曾为父亲理过一次发，我帮父亲干一点活，父亲就高兴，我也觉得很高兴。但想到父亲慢慢老去的面容时，我心里很不是滋味。

第四天：

小时候，哥哥常常背我到外面玩，教我唱歌。哥哥放学回来就问我“有没有人欺负你”，使我觉得安全。有一次，哥哥上学时将我带到了学校，我因为找不到厕所尿了裤子，一个人回了家，为此哥哥被爸爸打了一顿。有时哥哥上学我不愿意让他去，经常哭闹，给他添了麻烦。

在第五天时，内观者认为自己是自欺欺人，有些事不可能是她自己想的那样，她应设身处地地想想对方的感受。她认为自己太自私，也很傲慢，她看不起许多人，觉得她是世界上最能的人，现在觉得她很平常。内观者认为在人际交往中没有必要紧张、自卑，应从容面对他人，不再自我束缚。内观者认为通过这次集中内观，使自己对外表形象的自卑感减轻了，紧张消失了，强迫性思维也消失了。

在第二次开始思考她的母亲时，内观者自述：“我感到很抱歉，她给我做的每件事都鲜活地出现在记忆中了，我注意到了我没有对母亲有任何回报，而且还给她带来了许多问题和麻烦，但我从母亲那里得到了很深的爱。”

“我觉得父母是伟大的，我要报答父母，要对朋友亲切友好，我要充实自己，要对自己有信心，这样才能过平静愉快的生活。”

内观结束时，患者的心态比原来好了一些，小心眼的毛病有所改善，心理比内观前成熟了许多。人际关系方面也有所改善，她认为以前对朋友不宽容，朋友却对她那么好，她没有做过什么，觉得很惭愧！她决定以后要善待每一个人。她认为对于自己的毛病要接受，她的心情也由原来的躁动变得平静了许多。她认为内观前自己想问题比较简单、单一且小心眼，对他人不够宽容，让父母担心、惹父母生气了。她决定以后遇到问题时要站在对方的立场上考虑，这样也许会多一点解决问题的办法。她感觉到了父亲的伟大，父亲在身边让她很安全、很温暖；母亲很慈祥，对她关心爱护有加，她很感激父母。她决定以后再也不惹父母生气了。

作者按：有一些来内观的人知道自己问题的根源，也有许多不知道。作为治疗师，也不一定就能帮助内观者找到问题的源头。还有另外的情况，知道自己问题的根源的人说的所谓的“根源”就一定是他发现的那个“根源”吗？不过，不要担心，只要做集中内观，根源自然会出现，就像上面这个女孩一样。

内观进行到第一天时她回忆道：“听到母亲说被狗咬了会死人，从那时起就我害怕狗，一想起就怕。后来，我又担心尿床，越担心越尿，觉得有些奇怪，我为什么会为那么细小的事担心呢？”内观进行到第三天时，她又说：“感到昨天好像翻山越岭一样，今天很轻松，我觉得治疗很有意义。”“我想到小时候在我的换牙阶段，乳牙还没有完全脱落时，由于父母的无知，他们在我睡着时拔掉了我的乳牙，当时给我幼小的心灵留下了较深的阴影。这可能是我后来很注重外表，不由自主地关注牙齿的原因吧。”“有一次我生病了，不想吃药，也不打针，让爸爸很为难。爸爸就将药放在了饭中，我觉得味道不对，吃不下去，现在想起来都恶心。”

内观结束后，我们针对她父母夜间给她拔牙的这一创伤在催眠状态下进行了处理。

内观就是治疗师陪着内观者一起翻阅内观者历史的过程，内观者目前遇到的问题，也许会在童年的经历中找到答案。

第三节　学生的内观体验

最早把内观和学生教育联系在一起的，是我在1997年参加的在上海心理咨询中心举办的内观疗法讲习班，讲习班结束时的总结会上，学员被要求讲出自己的体会和今后的打算。不知道为什么当轮到我发言时，我说："我打算把内观用于独生子女的教育。"结果，与会者都认为我的回答跑题了，当时的情况使我很尴尬。就在这时，真荣城辉明先生站出来给我解围，他说："你的想法很好，其实内观是先用于教育而后用于医学的，因为这一次培训是针对医生的，所以没有涉及教育方面的问题。"后来我一直在思索这个问题，也做了一些尝试，零星地给前来求助的学生做了内观，以达到唤起他们的感恩意识、改善他们与父母亲之间关系的目的。

促使我从医院走进学校的契机，是在2004年10月，出现在南京大学校园里的"一封辛酸父亲的来信"。这封信当时在全国造成的巨大影响以及由此引发的波及全社会的一次教育反思，直接促成了感恩教育的出现。也正是感恩教育的出现，使我下决心一定要将内观的理念融入学生的教育中去，这也为我七年前的那个梦，提供了可以实现和发展的契机。

感恩教育的提出对于十年前我们的社会，无疑是当头棒喝，但棒喝之后的我们并没有几许清醒后的快慰，更多的只是痛心。独生子女由于感恩意识缺乏而以自我为中心、冷漠、麻木、奢侈、骄傲、自私、暴力、逃学、网络依赖。成年人也由于感恩意识缺乏而存在人际关系紧张、失眠、疲乏、精力不足、情绪低落、多疑、焦虑等各种心理问题。这种痛心是清醒前的痛楚，我们看到了问题就应该去面对，去解决。于是乎，教育系统出现了针对感恩教育的"专项整治运动"，各大校园出现了"算一笔感恩账""写一封感恩信""举办一次感恩演讲""实现一次感恩行动"等活动。广西鹿寨学校推出了换位思考的专题演讲"假如我是爸爸""假如我是妈妈""假如我是老师"；北京的某初中生拍下了题为"懂你，母亲"的剖腹产全程录像；四川成都的小学通过给孩子们看母亲分娩的录像来进行感恩教育。

当然，在这项"专项整治运动"中，谁都不甘落后。幼儿园里的感恩教育形式丰富多彩，大多采用“爱心作业”。天津某幼儿园的爱心作业包括“当得到父母、老师的照料时要说谢谢”“要帮助父母做家务”“要给父母或祖父母洗脚”，等等，可谓细致周到。

然而，我很担心，当我们把感恩这种“由情感引发的行为、思维的变化”变成一种活动，甚至是一种“运动”时，会怎么样呢？从心理学上讲，一方面，当我们看到“感恩活动”进行得如火如荼时，会很自然地想到自己在这方面做了什么，会发现自己对亲人、朋友的许多举手之劳，该做的事情都没有做，因此会出现内疚感。通过“感恩”和“感恩活动”，我们表达了应该表达而未表达的感恩，这样会使我们刚刚出现的不良情绪“内疚感”得到疏泄，甚或达到自我感动。另一方面，形式的轰轰烈烈使原本应该通过“感恩”来融化在我们血液中的善良品质，唤醒我们心中“佛性”的目标，又一次流于形式。这样的例证每个人天天都会听到、看见，让人们心痛的事件不断地在发生。

2005年10月，东北农业大学的领导收到了一位母亲的来信。江苏的刘某某，因为调换位子把老师砍倒。

2013年4月中旬，大学校园凶杀案频发。4月16日，复旦投毒事件传开仅仅几天，未等尘埃落定，大学凶杀致死噩耗却又接二连三地传来。4月17日，南昌某大学惊现腐尸；4月17日晚8时30分左右，张家港沙洲职业工学院经管系2012级学生符某持水果刀窜至该校宿舍楼，无故将在该学院短期培训的学员曾某刺伤；4月18日，南京航空航天大学金城学院凶杀案造成学生一死一伤。张家港沙洲职业工学院杀人案经初步查明，符某因悲观厌世，几度想自杀却没有勇气，便预谋用加害他人的方式来排解内心压力。其他几起学生们之间发生的最终导致惨剧的纠纷都是因琐事而动刀、杀人，这既是当今大学生凶杀案件频发的一个显著特征，又是一个让人百思不解的迷。自古以来，人命关天，杀人需要天大的理由，“因琐事而动刀、杀人”，这些字眼让人不寒而栗，难道是人的善良之心真的已经泯灭了吗？还是社会风气已经无法纠正了？我相信大多数人和我一样找不到答案。

即使给加害者判刑，仍然无法从根本上解决问题，因为判刑根本没有办法治愈人们心中的伤痛。最近我的朋友给我讲了他的孙子和外孙女之间的故事，让我受到了启发，看出了一些端倪，在这里和各位分享一下：

朋友是先得的外孙女，孙子来得很不容易。他的宝贝女儿婚后怀孕一直不够顺利，经过多方治疗，四年后才有了身孕，而且在怀孕早期有先兆流产的征兆，这让家人很是担心。家人动用了所有力所能及的保护措施让孕妇保胎。有人开玩笑说，这待遇和孕育皇子不相上下了。孩子在过度保护下顺利诞生，聪明伶俐，是几个家庭的掌上明珠，姥爷姥姥对孩子的宠爱更是达到了让外人无法忍受的地步。抓人、打人、不讲理，这些行为基本上是不会受到惩罚的，孩子在随心所欲中长到了三岁。去年朋友又喜得孙子，他们老两口不得不舍下心爱的小外孙女，去帮儿子带小孙子。可怜的小外孙女，只得辗转于亲属之间请其帮忙抚养。但是这也解决不了问题，小外孙女最后还是被接到了儿子家，和孙子一起抚养。三岁的小外孙女来到舅舅家后，每天的主要任务就是看着她的姥姥，不要姥姥抱小弟弟，也不容许其他人亲吻弟弟，经常会趁大人不注意时欺负不到一百天的小弟弟，三岁多的孩子心理上受到的伤害传递到了成人心上，让我们感同身受。

小外孙女自从来到这个世界上开始，周围的爷爷、奶奶、姥姥、姥爷、爸爸、妈妈都围着她转。她不高兴的时候伤人，只会引起鼓励性的围观，决不会受到惩罚；无聊的时候抓人，被抓的人会大喊大叫，她觉得非常好玩。三岁的小外孙女对她以外的现实世界有她的看法："我喜欢的事情，没有什么不可以做。"但是，她眼里的世界在弟弟出生的那一刹那发生了变化，再次看到的是："有了弟弟，什么都有可能发生。"从前整天只围着自己转的那些人，现在也会围着弟弟转。她生这些"背叛"了自己的大人的气，责怪自己做得不够好，使大人们离开自己而"移情别恋"，这些都让她更加难受。目前，她只能做到攻击"元凶"小弟弟，这样会让自己舒服一点。

不知道你听了这个故事后的感受如何？我想你一定也会和我一样，对大学生的冲动、薄情，有所看法。

话说回来，这又能怪谁呢？这只是单纯的个人行为吗？

是人心越来越腐化，还是社会风气无法再矫正？不是，是因为我们的生活太富足了。当今世界选择太多，我们冷了有暖气，热了有空调。20世纪80年代以前的孩子们都得上山捡柴火、捡树叶烧火做饭，生活得靠全家总动员，齐心协力地完成每一件事，就算是玩具也得自己动手来做，有时还会把自己弄伤，所以对自己付出辛苦得到的东西格外珍惜。但是，现在只要花点钱就能买到玩具，就算坏了，与其拿去修，还不如买新的省事。现在的人已经很少有珍惜东西的心了，大家渐渐忘记了最重要的东西。

孩子们没有生活中应有的恒心和毅力，特别是三口之家的独生子女就变得更容易骄纵，加上学校不敢太重地责罚孩子，导致孩子们是非不分，形成了像上面故事中的小外孙女的想法，即“只要我喜欢的事情，没有什么不可以做”的概念。孩子们以自我为中心，不在乎别人的感受，一旦遭到别人的拒绝，就容易生气、使坏。现在的家庭不像从前的家庭兄弟姐妹多，兄弟姐妹间虽然会争吵，但都会相互帮助，分担家务，共同撑起全家的生活。如果哪一个人稍有怠慢，就会给他人带来麻烦，遭到父母兄长的责备，因此从小就培养了强烈的责任感。

学生的很多问题是对自己的人生境遇、家庭、父母或是社会有着相当程度的不满，他们通常都抱着一种“为什么只有我受到这样的待遇”的悲观想法。内观疗法便是借反躬自省过去的种种，破除这种消极的想法，让他们很自然地想起一些温馨的往事。比如说爸妈再怎么穷，也不会让孩子饿肚子；因为帮助同学“我”被老师表扬过；了解到其实还有很多人在关心自己；明白自己犯了什么样的错，必须承担什么样的后果，重新面对自己的人生等。

每一个人都希望自己的一生是幸福的、有效率的。在这种情况下强调孩子们正视自己的内心世界是非常重要的，只有真正清醒地认识了自己，才有可能获得成功的人生。认识自己，是一件非常难做到的事情，而内观就是帮助我们认识自己的一种方法，认识自己、认识孩子、认识父母。

一、集中内观

在这一小节里，我给大家介绍一些从家长的视角看，已经出现了问题的孩子的内观案例，从案例记录中我们可以听到孩子的心声。希望能借此给各位家长在孩子的教育中提供一个新的思路；也希望对青春期的孩子来说，成长过程能够多一种选择。

（一）一位高中毕业生的内观体验

这是一位普通的高中毕业生的内观记录，他是一位男孩，19岁。他来体验内观，是由于高考成绩不理想。面临人生抉择，他对自己的未来计划和父母不一致，父母建议他来做内观。双方都希望通过内观整理过去的历史，来寻找解决问题的方案。

他在内观前对家庭成员的评价是："父母对我要求太严，眼里容不下我，挑我的毛病。妹妹在姥姥家长大，父母亲都偏心妹妹，妹妹任性、自私，我根本不想和她一块生活。"

下面是我们的咨询师面接时，按时间顺序做得比较全面的内观记录。平时在做内观时我们都要做这样的记录，但内容是保密的。此处，我们用不记名的方式与各位分享，以便各位对内观的全貌有一个比较全面的了解。

第一天：

我抵触情绪很大，认为做内观是父母为了惩罚我，让我采纳他们的计划，才找心理医生来给我做工作。好在医生的态度让我感到非常容易和他们交流。他们一两个小时来一次，和我会谈。我注意意力不集中，回忆以前的事很吃力，头晕、脚麻，全身不舒服。我忙于应付，只是想找几件事来搪塞他们，但是咨询师总是认真地倾听，并不断地鼓励我、引导我做深入的思考。每次会谈结束，我都会长出一口气，心想终于可以休息一会儿了。但是，我还是想起了一些事：小时候妈妈买各种好吃的东西让我吃，给我做饭；妈妈晚上陪我做作业，找老师给我补课，每天都给我讲书本知识；妈妈年年都给我织新毛衣，给我缝衣服；天气炎热时妈妈用扇子给我扇凉。到了初中，妈妈更加关心我的学习，经常看着我做作业，中午下班，接着就给我做饭。最终我还是认识到了妈妈为我做了非常多，我回报她的特别少，我有时还顶撞母亲。

晚上，在思考这一天的经历时，我觉得这样很累。我突然想起一句话："最好的防守是进攻。"我如果积极一点，是不是会好一些？既然已经来了，我决定以后全力以赴地去做，也许不会有坏处。

第二天：

父亲总是先把我哄着睡着了，他才睡。半夜父亲要给我盖好几次被子，早上还要给我穿衣服、洗脸、送我上学。有时父亲还单独给我做饭。一次学校开联欢会，父亲在校门口一直等我到晚上八点多。

我小时候不懂事，水还没有开时就将饭下到了锅里，结果饭没法吃，以致爸爸又重新做了一次饭。有一次，我往高处爬跳，摔伤了鼻子，还砸了家里的花瓶和碗。

上初中时父亲常常给我开家长会，每学期为我找复习资料。我给爸爸洗过衣服，再没有做过其他的什么。而父母为我做了很多，也很细，比如有时吃饭放调料都是他们替我做。我觉得父母特别疼爱我，有时我还不理解他们，对父母不但没有报答，反而经常和他们争吵，觉得对不起父母。

太太（曾祖母）有心脏病，走路时怕摔倒。她特别爱我，干什么都带着我，连喂鸡都领着我。她身体一直不好，还要给我做鞋、做衣服。我肚子痛时她最关心。她有好吃的总是舍不得吃，而是留着给我吃。在她去世前两天，她给了我20元钱。我仅仅有时扶她走路，为她端一下饭。我经常让她操心，就连吃饭也让她操心，我觉得很内疚、后悔，我应该早点把太太接回家住一段时间。现在她走了，我很伤心！

奶奶每天早上给我冲奶粉、炖米汤、做我爱吃的饭，每次回家奶奶都杀鸡给我吃，还给我洗衣服。奶奶很疼爱我。奶奶病了，我给奶奶找过一次医生，有时帮奶奶添煤烧火做饭。

今天，慢慢地我能想起一些事情了，思路比第一天清楚，对亲人的爱也慢慢可以理解了。家人对我付出得多、希望大，可我有时还是误解他们。如果我是父母，被我的孩子误解，我将会是伤心、失落的。

第三天：

有一次我给奶奶端饭，不慎烫伤，奶奶很伤心，爷爷为此还数落了奶奶。后来奶奶住院了，还在操心我的身体，别人给奶奶送的好吃的，奶奶留着让我吃。奶奶每周都来我家，把老家好吃的给我拿一大包，奶奶要走好多路才能到我家，她拿那么多东西走路，是多么不容易啊！奶奶最心疼我，在奶奶去世的那天我因为考试而没有去，我觉得很遗憾。(流泪)

小时候我总是让爷爷给我摘院子里的果子吃。爷爷是医生，每一次我感冒了都是爷爷给我弄药。有一次我把脚划烂了，爷爷背着我回家，他给我消毒、包扎。还有一次我患了腮腺炎，爷爷给我配药，一刻不停地看着我。我玩耍时不小心碰上了花刺，还是爷爷帮我拨干净的。

我曾经帮爷爷晒过花椒。

有一次我玩火点着了麦草，被别人找上了门。还有一次我吃了打过农药的杏子中毒了，把爷爷吓坏了，他忙了好半天。现在爷爷一个人待在家里，很孤单，我想和爷爷多住几天。

妹妹经常帮我买东西，每天给我端饭。我忘了拿钥匙，妹妹会帮我去拿。爸爸妈妈不在时，由于我作业多，妈妈让我洗菜，妹妹就会帮我把菜洗了，而且妹妹不愿将这些事告诉父母。

妹妹受别人欺负了，我帮忙出气。

有时我会帮妹妹做作业，其实这是害了她。一次我将家里翻得很乱，嫁祸给妹妹，父母看见了，妹妹挨了打。父母偏心我，洗碗、做饭、倒垃圾都是妹妹做的。我竟然还害妹妹挨打，我很内疚。

今天，我完全可以静下心来回想以前的事了，对亲人的爱又有了进一步的理解。我认识了到我以前的脾气不好，希望能改掉脾气不好的毛病。如果我的孩子给我发脾气，我心里一定会特别难受。为什么别人家的孩子都能理解父母的一片苦心，我就一点也不理解呢？我以后一定要好好孝敬父母。

在回忆的过程中，我对妹妹的认识也有了较大的变化：妹妹给我做得多，我给妹妹做得少。我又重新认识了一下妹妹，她确实非常可怜，缺少家庭温暖（超生的）。如果我是她，我一定会觉得不公平，心里一定非常难过。我对不起妹妹，以后要体谅妹妹，帮助妹妹 。

第四天：

我开始回想太太（曾祖母）。过年时她给我买肉，冬天给我缝被子。她非常劳神，每次来我家，都要给我缝破了的衣服，并把脏衣服洗干净，给我带好吃的。我帮太太烧水洗澡，买过菜。在非典期间太太经常打电话让父母注意，不要被传染。

外公总是说我消化不好，给吃我山楂丸。我有一次摔伤了胳膊，脱臼了，外公一直陪我住了一个月，对我的生活非常关心和照顾。外公很关心我的身体，经常给我配药吃，在非典时期，外公不让我待在他的药店，担心我被感染。而我很贪玩，看到晒的药好玩，就拿着药片玩，常常会撒一地，让外公收拾好半天。有一次，我不懂事将乳酸菌素片吃多了，出现了腹泻，让他担心，那次外婆还骂外公没有把药收拾好。

以前，我一直认为外公很小气，但现在我认为外公对我很好，很疼爱我。最近与外公的关系有些疏远，我应尽可能多接近、多探望外公。

我的姨姨是位老师，我上小学时给我带过课，放学时她会专程接我，叫我去她家，在路上问我哪些课没有听懂，再给我讲解一遍。姨姨晚上有时会给我辅导功课，辅导完了以后她才去备课。我在学习上为姨姨添了不少的麻烦。有时我学习成绩起伏大，考不好，她的同事就会打电话给她。她教导我一定要争气。

我为姨姨做得不多，前一段时间姨姨进修学习时，我有时会给她送饭。

因为我的学习影响了她的晋升，我觉得对不起她，以后我要努力学习报答姨姨。

以前，我总是认为姨姨太严厉。但现在，我认识到了这一切都是为我将来能生活得更好，她才这样严厉，我很感激她。

刚开始做内观时我觉得我很好，没有什么毛病。现在看来，我有好多毛病，只是家里人都特别疼爱我。我太自私，有时还给家里人发脾气，以后我要克制自己，不能冲动。

第五天:

姑姑每次回家都会给我买衣服，过年时常把我带到山上去玩。我没有为她做过什么。我曾因学习给姑姑添了麻烦，因为我学习不好，她有时会教导我。当时我觉得姑姑管得太多了，现在则认为她是为我好。有时妈妈批评了我，她就开导我，给我讲道理。假期到姑姑家，她就请假带我到外面去玩。

回想说谎事件：上幼儿园时我和同学打架，很怨恨一个同学，有一次那位同学找不到书包了，他问我，我没有说（其实我知道在哪儿），这是我印象中的第一次说谎。小学二年级时，我有一次不想上课，就给老师说肚子痛，老师就放我回家，回家后以同样的理由骗了父母。一次因想吃零食，我就骗父母多要了两元钱。一次因玩耍没有做功课，我在学校补做作业回家晚了，就骗父母说老师补课。因学习成绩起伏大，我有时会夸大我的成绩。一次学校开家长会，因为被老师批评了，不想请家长，我就骗老师说爸爸出差了。现在想起来挺可怕的，我觉得我很幼稚，站在对方的立场上想一想，如果我被别人欺骗了，我一定会很气愤。对朋友说谎对不住朋友，影响朋友关系；对家长说谎心里也特别难受，我感到很后悔。

第六天：

回想偷盗事件：小时候我拿爸爸的钱花。一次小卖部的老板和一位顾客吵架，我趁机拿了一个玩具，现在想到他那一天就白忙了，而他还要养家糊口，我非常后悔。我拿妹妹的东西，妹妹知道了不敢要，只好告诉父母，有时怕我打她，只好打电话告诉外婆，妹妹太可怜了。以前，我认为我做的这些都是小事，没有关系，但现在回想起来，才发现这是多么可怕的一些事。

计算抚养费：通过计算抚养费，我大吃一惊，原来我花了那么多钱。父母为我付出得太多，如果我维持现状，不思进取，一辈子都还不完，实在太对不起父母了。

一直以来我认为妹妹最自私，经常挑剔妹妹做的事，有时还要打她。现在我对妹妹的看法彻底改变了，我觉得自己很自私，比如我认为所有吃的东西都是我的，我吃完了，妹妹才能吃。我以前看别人经常看到的只是坏的一面，现在我把我坏的一面找出来了，看别人的眼光是平等的了。

第七天：

系统回顾：在身体方面我没有什么不能接受的地方，这里就像在学校坐在椅子上思考问题。虽然我在开始时注意力有些不集中，思维模糊，有些头晕，但慢慢地就能想起以前的事了，想得比较清楚。

以前，我认为父母对我太严格了，没有一点自由时间给我，他们总是喜欢包办一切。现在想想，如果我是他们我也会这样做，我终于理解他们的良苦用心了。

从前我总觉得亲人看我不顺眼，挑我的毛病，眼里容不下我，好像我是多余的一样，但现在我却认为亲人是对我付出得多，对我希望大。我以后做事前要多想想父母，应多站在父母的角度看问题。我现在认识到了亲人对我的爱，而我非常幼稚，我应该尊重、孝敬父母，关心妹妹。

在回想说谎和偷窃前我总认为说一两次谎、偷一两件东西无关紧要，没有什么。经过回想后我才认识到，这是我人生道路上的拦路虎，一定要改掉坏习惯。

内观好像将我心头的负荷全卸下了，我感觉很轻松，并且有了面对以后生活的力量。

以上我们给读者展示了一个非常完整的高中学生体验内观的全过程，这个案例中的高中学生对每一位亲人都进行了完整的回顾。而且，他对偷盗、说谎的内容的内观也进行得非常顺利，没有出现阻抗。但是，在最开始，他是不愿意来做内观的。由于他高考失利，无所事事，在无可奈何的情况下才来到我们内观治疗室，后来在治疗师的正确引导下，开始了内观治疗，进展很顺利。

五年后随访，他已经有了一份自己的工作，很勤奋，人际关系良好。

（二）一位高三学生的内观体验

女，18岁，学习很好，一直很乖巧，能够管理好自己。马上要升高三了，只有10天的假期，可就在假期中，她出现了厌学情绪。她提不起精神，总是疲乏，对学习有些懈怠，只是爱和家里的小狗玩，又对高考放不下心，怕高考失败，自己很纠结，家长也跟着着急。他们托朋友找我帮忙，我请她来做内观。而由于她的假期太短，经与她反复商量，最后她决定抽出5天时间来做内观。这是一个很了不起的决定，对家长和孩子来说，高三惜时如金，不可能随意花掉。虽然前期沟通费了不少周折，但结果没有让我们失望，她的高考成绩很好。

对奶奶的回想：

感到头脑空空的，没有想起什么。我和奶奶一起生活的时间不多。

对母亲的回想：

我想起了很多事，比如在幼儿园的时候，妈妈早上起很早喂我吃饭。我没有为妈妈做过什么，却给妈妈添了很多麻烦，比如一年级时妈妈帮我买磁带、学不会拼音让妈妈帮忙教我……

对父亲的回想：

小时爸爸给我买金鱼，我当时很高兴。想到的内容我可以写下来，但说不出来。

小学时爸爸给我买东西，买吃的、买鱼、买饼干，我给爸爸挠过背。爸爸带我去厂里坐碰碰车，那次妈妈不在家。有一年夏天，爸爸让我骑在他的脖子上乘凉。有一次他去买火柴，我把烟给藏起来了，爸爸没有责备我，而是笑了一下。我为爸爸做的事情还没有回忆起来，我想我应该能做些什么。（慢慢能够用言语表达所回想的事了）

对父母总的回顾：

这五天的回想，我觉得很有意义，通过回想我明白了许多事情。以前我总觉得他们为我做的事都是应该的，现在却觉得他们为我所做的一切已经远远超出了义务的范围。尤其是爸爸妈妈，我觉得很对不起他们，他们为我做了那么多事，可我以前只是认为学习好就是了，就好像学习是为了父母一样。今天是内观的最后一天了，我觉得自己在这五天里长大了许多，能够站在爸爸妈妈的立场上感受一些事了。此外，我觉得我的心里有了一种对亲人的感谢之情。算过抚养费后，我感触也挺多的。以前因为钱我和妈妈吵过，我清楚地记得我说过母亲是“守财奴”，但一细算，我平均每年要花掉一万块钱，母亲一年的工资也只有一万。父母这样期盼，我没有理由沉沦、颓废，我要振作起来，实现自己的梦想。

做完内观，开学后这位同学升到了高三，刚好老师让写一篇关于高三的作文。在此把这篇作文推荐给各位，从她的作文中我们可以看到内观给她注入的活力。

我的高三

午后，晴天，苏打绿，无与伦比的美丽。散碎而凌乱的生活，这样积累下来，不知不觉，就到了我的高三。

当太阳又一次以如花的笑靥温暖大地，离我的高考又近了一天。翻开厚厚的习题集，铅笔留下的痕迹微微晕开，散碎而凌乱，如同我的生活，又如同我的高三。咖啡的香味渐渐淡去，又渐渐升起。纸上的字迹在氤氲的水汽里渐渐模糊，又渐渐清晰。当一切又归于平静的时候，我开始了我的高三。

日子总是过得很慢，时间却很快。记忆里依稀残存的某个晴天的午后，沉湎于苏打绿音乐的日子，是怎样一种无与伦比的美丽，又是怎样一种遥不可及的梦想。当这样的日子已经一去不复返的时候，我开始了我的高三。

书写一整篇的期待，省略大段的空白，厚厚的习题集里看不到明天，却隐藏着未来。时间压缩、压缩、再压缩，也许这样就能压缩为精华，但也有可能最终成为糟粕。日子以一种它所喜欢的方式继续前行着，我抱着书本紧紧追赶；当我最终悟出了鲁迅的至理名言时，我开始了我的高三。

忘了是怎样开始，却明白应该怎样结束。每个人都面对着同样的方向，却迈着不同的步伐。或许会疲倦，但别无选择，前进是艰难的，后退会让人痛苦。在艰难与痛苦的选择中，我想我更不愿意痛苦。关于未来，有太多的不确定；如果停滞，后路却只有一条……

那就是被遗弃。被时间遗弃，被未来遗弃，被高三遗弃。

站在敞开的窗户前，夜的色彩几乎要将人淹没。风吹过来、吹过来、再吹过来，吹不走即将到来的高三。那句话真的没错：该来的总是要来。既然要来，就微笑着面对吧，也许会痛，也许会挣扎，但未来终究会是美好的吧。当我的高三最终结束的时候，我们还是能带着如花的笑靥，相逢在最初的温暖里，我还是可以回到那个晴天的午后，沉湎于苏打绿魅惑的声音里，细数我的高三。

当时光绕转在指尖，连温暖都被屏蔽，脚步越来越艰难，也越来越坚定。冬天，踩着一地硬硬的月光回家，感情渐渐淡漠，表情渐渐冷漠，最后麻木得只剩下手上的茧。一切的一切，只为了一年后的绽放，如同在石缝中扎根的花，不破土而出，就只能等待死亡。当你慢慢学会成长，你才能发现，生命中所经历的一切，都不是毫无意义的，当你了解了苦难的意义，你才能够把经历变为财富，并在这笔财富中汲取营养，完成一年后的那次盛大的绽放。

歌里这样唱：

气候的成长

季风的回忆

收进课本里

我自己来缝补我自己

高三（14班）　2009年9月

（三）一位职业学校中专学生的内观体验

这是一个职业中专的学生，男，22岁。初中的时候他就逃学、说谎，初中未毕业辍学在家务农四年，租种的地到期后，去职业学校上学。目前他能安心学习，但是经常在饮酒后打架伤人。他的老师介绍他来体验内观，希望通过内观改掉他的不良习惯。

他的内观体验如下：

对奶奶的内观：

今天，老师让我来体验内观。独自一人待在一个狭窄的空间，隔绝了一切的外界刺激，我感到了一些寂寞与孤单。在我以往的生命历程中尚没有如此的一段时间，这一切对我来说有意义吗？内观能帮助我做什么呢？非常怀疑！

但是，想起小时候和奶奶在一起的时光，让我感觉很温馨，每一件事都让我感到踏实而有意义：她给我喂饭；我喜欢看戏，她经常看我扮演各种角色，给我做各种演戏的道具。

我和小伙伴们在村边的麦场里玩，玩什么记不起来了，只记得好像是来回跑，不停地跑。奶奶手里拿着烙好的饼子，里面夹着我最爱吃的炒洋芋丝，我跑到哪儿，她就跟到哪儿，一步步跟着喂我吃。现在想起来真是不应该，我怎么能这样子呢！奶奶那么大的年纪，还那样被我折腾。我想要养麻雀，她就托大一点的小伙子给我抓了一只，编个笼子和我一块养。为了她亲爱的孙子，她竟然变得像小朋友一样，既可亲又可爱。

那种爱是无法用语言表达的，再华美的词句都不能代表，真是大爱无言啊！

上学时我和同学打架数次（三四次），同学家长找到家里，奶奶给人家赔礼道歉。想想奶奶一辈子要强，她的孩子每个都成材、孝顺，现在年过半百，却因为自己的孙子，被人找上门来，看别人脸色，给别人道歉。我给奶奶添了这样的麻烦，她的子女们（爸爸和姑姑们）的感受又将如何呢？

早上我一起来，奶奶就给我吃鸡蛋。由于我挑食，奶奶再忙再累，每顿饭都会给我单独做。小学时看见同学都抓麻雀玩，我也要，奶奶就上树为我抓麻雀。妈妈知道后骂了我一顿，教训我说："怎么能让奶奶干这种事？"奶奶说："没关系，不就上个树吗！没什么大不了的。"当时我也这样认为，但现在回想起来，觉得我太不懂事了。如果奶奶摔到了后果会怎么样，我可能会后悔一辈子。

有一次，因为十元钱我和奶奶吵架。我向奶奶要十元钱去玩台球，奶奶不给，我就生气，骂奶奶、给奶奶发脾气。当时我只顾气愤，把奶奶平时对我的爱早抛到九霄云外去了，全然不顾奶奶的感受。她一定没有想到会遭到她最疼爱的孙子的骂，我永远忘不了奶奶那时悲伤的眼神。

奶奶在我们学校附近的市场门口卖梨，我们家那时种了一园子梨树。我常找奶奶要钱给自己买东西，每天早上奶奶给一元钱让我买面皮，后来增加到两元，可我很少吃早点，因为我把钱都买烟抽了。初三时我喝酒一夜没回家，第二天到家，才知道奶奶被车撞了。假如我在家，可能就不会出这事，因为奶奶惦记我、担心我，心里着急，一夜未眠，在家待不住，准备去田里散心，注意力不集中才没有看见开过来的车。奶奶在医院里还担心着我，想着我的安危，让我听话。

那时我辍学在家，无所事事，家里失去了往日的欢乐，爸爸常常会卧床长叹，妈妈也是焦虑不安，奶奶仍然忙里忙外。我无法面对家人，白天睡觉，晚上出去喝酒麻醉自己。最痛心的是，无论我回来多晚，奶奶都会留着门等我回来，第二天早上无论我起得多晚，奶奶总是要单独做我爱吃的饭菜。她从来不恨我，也不怨我，只是爱我。奶奶让我在外面无论玩多晚，怎么混，都要回家。

我第一次为我的行为而感到有一点后悔。

对母亲的内观

我总是认为母亲比较自私，没有奶奶亲。其实，当我还没有出生时，就受到了妈妈的呵护，给妈妈添了麻烦。妈妈以前是戏剧演员，身材非常好，由于生了我，妈妈的体形才改变的。正是妈妈无私的精神，才将我带到了这个世界上。我也是在妈妈的精心呵护下才长大的，记得在我很小的时候，妈妈夏天晒一盆水给我洗澡，洗澡的过程中还不断地夸我哪里都长得好看，我现在还能感受到她的气息。我爱看戏，妈妈就带我去看。妈妈一直很操心我的学习。有一次妈妈让我挑粪，我却在半路上故意倒掉，回家撒谎说自己不是故意的。

每年春节时妈妈都给我买件新衣服，平时我的脏衣服都是妈妈洗的，如果她要吃什么好的，总要给我留一份。我四五年级时妈妈是老师。四年级时我和老师吵架，妈妈让我去给老师道歉，当时我觉得自己没错，不肯道歉。而现在想起来，当时确实是我的错，加上老师又是妈妈的同事，我给妈妈脸上抹黑了。

这两年来我和母亲的关系不好，我总是不让妈妈说话，妈妈说话我不但不听，还顶嘴。我不服管教，不好好学习，逃课。妈妈有一次打我，我竟然把笤帚从她手中夺了下来。记得那天我和妈妈大吵了一架，气得妈妈哭了，好几天都没有吃饭，那时，我还认为是我赢了。

我当时理直气壮，觉得我是天下最有理的人，我讨厌所有的人和事，讨厌学校、家里，讨厌奶奶、妈妈、爸爸，我只喜欢和同学朋友在一起，我背着家人逃课、抽烟、喝酒、打架。那时我感觉这好像是天经地义的事，亲人所做的一切都是他们必须做的，我吃饭、用钱都是应该的，一点都不感到问心有愧。奶奶、妈妈、爸爸看到他们全身心呵护了十几年的孩子这样对待他们，一定肝肠寸断。

初中毕业后刚放假我脚就扭了，不能动，妈妈伺候了我一个假期。一次和妈妈去城里给我买衣服，妈妈被车子碰了，当时妈妈说天气热不想去，是我强拉她去的，所以都是我造成的。但是，妈妈休养期间都是奶奶伺候，我几乎想不起来在那段时间我给妈妈做过什么。而且，我经常到同学家或朋友家去玩，也不告诉家里人，家里人肯定要操心，到处找我，找不着就着急。有一次我几天没回家，妈妈找到我后就打了我一顿，那也是她最后一次打我。妈妈给我安排的事我不做，她说她的，我照常游、玩、转。现在回想起来我当时很空虚，家人也不安心，我出去妈妈担心我会闯祸，在家里妈妈看着她也着急。但我当时没意识到，现在只有后悔。我准备做内观后，就给家里打了电话告诉了他们，也向他们问好了。

对父亲的内观：

有一次由于考试成绩差，我把成绩单改了被爸爸发现了，他当时没说，后来爸爸喝醉了用水洒在地上写了“实事求是”。初三后我不去上学，气坏了爸爸，他第一次打我。在那之前，从小到大，父亲从来没有打过我。我当时只想快躲过这几天，现在想想爸爸当时一定很失望，伤心到几乎绝望了，否则他不会打我的。可那时我却不明白，反而与爸爸闹别扭，坐在一起不说话。那时候我常逃课，爸爸就在校门口等我，有三四次。

我每天还是过着我的生活，游荡、抽烟、喝酒、打架……我不会想到奶奶在担心，妈妈在哭泣，父亲喝醉了在骂人……

现在想起这些，我好后悔啊！

这几年整天游转，爸爸本来脾气不好，我还经常让他生气。有一次我在外面打架，被派出所叫去，罚了300元，我给爸爸脸上抹了黑，现在真是后悔。爸爸为了我能有份工作，东奔西跑，到乡上去找人，到处看人脸色。有一次，大冬天，下着雪，路上很滑，车翻了，爸爸出了车祸，可能是祖上的阴德庇佑，爸爸只是摔伤了胳膊，这件事现在想起来还让我的心隐隐作痛，这都是我的错，是我不争气。我下定决心，以后一定要做一个自立自强的人。假期和朋友出去玩，我从摩托车上摔了下来，在家里躺了半个月，家里人担惊受怕，又伺候照顾，我后悔也来不及。

回顾我走过的路，想的事离现在的我越来越近了。2001年时，我参加了自学考试，记得父亲对我说，当个农民也要有文化，所以他们还是希望我能继续学习，我也决定了要继续学习。

回想过去，我想起了许多事情。我们家种了好多的桃树，每到夏天，全家人都会行动起来摘桃子。妈妈身体胖，在地里摘桃子时就像是战士在战壕里爬，汗水像下雨一样往下流。爸爸也一样，身体很虚，稍微一动，汗就流得不停。奶奶从大清早开始一直忙到晚上，我们吃完饭才能休息，反正一家人都闲不住。可我却很懒，每天早上叫上几遍才肯起床，干起活来也不是很主动。现在想想，当初我真应该多干一点，替家人多分担一些，可现在想干都没有可干的了，我只有在以后的生活中多替亲人想想，好好照顾他们，以此来报答他们了。

做内观六天来，我不断地在责备我自己，我才发现自己的所作所为是多么不应该。从小到大，我就像掌上明珠，被亲人捧着。奶奶、妈妈、爸爸为我做了那么多，他们都是那么爱我，而我几乎没有为他们做过什么，只有让他们操心，让他们一次又一次地失望。我现在心里充满了内疚，可世上没有后悔药，过去的不能重来。回想我这么多年来过得十分空虚，我的生活没有目标，不知道追求什么，却给亲人带去了那么多的麻烦，更重要的是使他们的心一次又一次地受到伤害，我想对他们说声“对不起”，可这三个字能挽回什么呢？

内观就要结束了，几天来，我想了很多，亲人们扶养我长大，可以说他们所做的一切都为了我，可我却屡屡伤害他们。一个星期的内观让我大梦初醒，我的生活道路如同一场梦，在梦里我整整沉睡了二十几年。现在梦醒了，但并不晚，我现在有时间弥补我的过失。我以后应该振作起来，不能再这样下去了。我应该充实自己，其实生活充满了阳光。奶奶、妈妈、爸爸，我会给你们争气，不会再让你们失望了，相信我，我永远爱你们。

人不应该只是向别人索取，要求别人应该做什么，更多的应该是付出，是要求自己做什么。我能来到这个世界，能够长这么大，是亲人抚育了我，教育了我。这么多年来，他们为我做了那么多，而我却什么也没有做。不能再昏昏沉沉了，我应该好好珍惜时间、珍惜一切，以此来回报亲人、回报社会。常怀着一颗感恩的心，感谢命运，感恩我的亲人，感恩这个世界，用爱心去对待每一个人、每一件事，爱会让这个世界充满阳光，这便是我做内观以来的最大感受！

作者按：内观后，这位来访者坚持考完了自学考试，拿到了大专文凭。他在后来的公务员考试中取得了优异的成绩，成了一名国家公职人员。随访10年，再没有发生酗酒闹事事件，如今他已经成家立业。

随访：这是他10年以后的日常内观中对奶奶的一部分内容。

自从我到外地工作以后，一直都是每个星期五给家里打电话，母亲跟我说，每到星期五，奶奶就会坐在电话旁等着我的电话，这个时间她记得比谁都清楚。只要星期五傍晚电话一响，奶奶就会说“是我的娃的电话”，他们这时才反应过来，原来今天是星期五呀。要是我因为什么事耽搁了，她就会自说自话：“娃肯定忙着哩，顾不上打。”奶奶一直要等到接完我的电话才会无牵无挂地去休息。电话中奶奶总是那几句话：“注意身体，吃饱饭，家里一切都好，你不要分心，好好工作。”正是由于亲人这样的牵挂，我远在异地他乡，也从不敢懈怠，免得辜负了最亲的人。

（四）逃课学生的内观体验

这是一位初三男生，16岁。他始终有一种自己像是悲剧主角的不平衡感（受害者心理），渐渐地不管是学校老师，还是同学，都在他身上贴了个“不良少年”的标识，他也就慢慢地被孤立了起来。他甚至连家都不回，整天和朋友们混在一起。家长坚信孩子通过内观会有所改变，以下是他接受内观治疗时的其中一部分记录：

在刚开始的几天里，我一直在想，我为什么要来这样的地方？这是一个错误，这是一种禁闭，是家人给我的惩罚。而且，我感到腿痛，我想怎样能提出一个借口回家，我想到的只有这些事情。每一个小时都有内观治疗师来内观室，问我从父母那里得到了什么、我给了父母什么，以及我引起的困难、麻烦。刚开始时，我认为我得到的是他们作为亲人应该尽的义务，我给他们添的麻烦是他们养育孩子就一定要受的麻烦，我还小，不能给他们回报，回报是以后的事，没有必要在这里花费时间反省。我关心的只是如何得体地回答这些问题，将治疗师糊弄过去。

而我又一直在想，应付治疗师也不是一件容易的事，一味地骗他们自己也开始感觉有些内疚，我实在太纠结了，这样的状态持续了三天。

三天之后，我决定如实地表达我的感受。我的意思是，如果我不知道就不知道，而不是去寻找答案。当我决定这样做的时候，我的心里一下子变得轻松了，反而可以投入到内观中了。

第四天：

一开始回想我的亲人，想起来很吃力，好像在挣扎，我觉得脑子里像是要从一条河里寻找几个石子，很难！慢慢有了线索，我想起小时候奶奶抚养我，为我洗尿布、喂奶。慢慢我长大了，她又做我喜欢吃的东西。我喜欢吃牛肉面，又懒得走路，她就亲自去面馆给我端回家让我吃。我出去玩时砸了玻璃，摔伤了腿，奶奶天天看护着我。

不管我回去多晚，奶奶总是不睡觉在等我，奶奶在我身上花了不少精力。奶奶经常从老家来看我，每一次都让我好好看书，让我压力不要太大。我觉得奶奶最疼爱我了，我不好好学习让她很失望，也想不起来给奶奶做过的任何一件事，有些难过。但想起来和奶奶在一起的时光，我感觉很幸福，我想见奶奶。

我觉得奶奶很关心爱护我，对我无私地付出，而我却从没有或很少留意过。我认识到了内观确实改变了我，我要珍惜机会，好好地将内观做下去。

第五天：

再回想妈妈，妈妈把我带到这个世界上。小时候，妈妈要上班，又放心不下我，有时偷着回来看看，有时带着我去上班。妈妈教我写字，给我辅导功课。我想起了妈妈每天给我买吃的，托人为我转学校。还有一件事，因为我过生日，妈妈专程来天水给我买衣服。我小时候不愿和妈妈一起睡，妈妈非常难过，妈妈认为是奶奶不容许，试想一下如果我的孩子才几岁就不愿意和他的妈妈睡一起，做母亲的会多么伤心啊！而且，这让妈妈和奶奶之间发生了矛盾，都是我不好。我经常乱跑，不回家，妈妈该多么担心；我在学校闯了祸，被请家长，让妈妈难堪。

按着咨询师的指导，站在别人的立场上想问题，我才发现妈妈真的很爱我，也许在教育方式上我接受不了，但她对我的爱和关心是没有半点折扣的。我却不能理解她，不顾及她的感受老躲着她，以至于母子之间缺乏沟通，出现了隔阂，还挑起了家庭其他成员之间的矛盾，我觉得很内疚，内心很沉重。

妈妈希望我能自食其力，我能够体会到她对我的不争气是多么无奈。我觉得很难过，对不住妈妈。

妈妈为了我可以付出一切，而我却一直将妈妈的关心看作是一种枷锁。长期以来，我以自我为中心，符合我的心意就高兴，否则就生气，仔细想想，让我高兴的往往是亲人顺从了我，而不高兴的时候往往是有一个让我气愤的对象。我已经到不应该让家里人操心的年龄了，我以前从没有去考虑过别人的感受。

过去我总是将家人的付出认为是天经地义，习以为常的。而通过这次内观，我感觉到了我要彻底改变我，再不能给别人添麻烦了。在做内观的过程中我感觉到非常内疚，但说出来了以后心里就踏实了。

第六天：

回想爸爸，爸爸在外吃饭总是带着我，单位有活动就带我去，天天接送我上幼儿园，给我买玩具。上小学时爸爸总是关心我的安全，经常陪我上学。有一次，我有一道题不会做，爸爸也不会做，爸爸就出去找别人请教，回来再讲给我。我拉肚子住院，爸爸一直陪着我。爸爸值夜班时，我一个人在家，他总是不放心，常常要回来看两三次。我感到我是幸福的，回想到现在我心里有些轻松，有些平静。

我的父亲，是让我内心最愧疚的一位亲人，他为这个家、为我操劳奔波，几乎付出了全部。而我作为儿子，已经半大不小了，不但不能为他分担反而老是给他添麻烦、让他操心，真是觉得我过去做得很过分。但父亲却从未因此责怪过我，他只是恨铁不成钢，一想到这些，我就觉得无地自容。

我计算了抚养费，十几万的抚养费虽在意料之中，但还是让我觉得很吃惊。父母养我不容易！那里面有很多的冤枉钱，有很多父母的无奈，有很多父母的汗水。那可是父母的血汗，却被我那样无情地挥霍，我真的觉得很对不起他们，我的心情很沉重，想大哭一场。

今天最难熬，我觉得时间很漫长，发现过去的我很讨厌，我怕继续内观下去会把我逼到死胡同里无法自拔。咨询师说，否认了以前的我会引起心理恐慌，这种反应是正常的，也是我这几天努力的结果，只有这样才能改掉我的不良行为，克服我的心理障碍。我就克制自己坚持下去了，心里也就平静了许多。

第七天：

回想爷爷，爷爷到外地总是带着我，有什么好吃的，都给我留着。一次爷爷带我去塑料玩具厂，给我买了好多的玩具才回来。我给爷爷的朋友倒过茶。我在换牙时，需要拔，我不让拔，爷爷硬拉着我去了。那次我闹得很厉害，爷爷怎么劝也不听，我当时恨爷爷，一天不理爷爷。现在想起来，如果当时没有爷爷硬拉我去，我的牙齿早长歪了，我应该感谢爷爷。我晚上没有回家，爷爷在马路上等了我半个晚上，找了我一夜。

在所有的孙子里，爷爷最心疼我，爷爷把所有能给我的都给了我。爷爷有时送我上学，回想起来，我觉得有这样的爷爷是我的幸福，现在只有努力学习，让爷爷高兴。

我觉得有这么多人关心我，我很幸福。他们为我做了这么多，而我回报得很少，我对不住家里的每一个人，我第一次这样伤心。

我觉得我以前对家人很冷漠、无情，其实我稍微有一点变化，家里人都会非常高兴。我想着要下定决心改变自己，再像之前那样下去，就太可怕了！

我也想起了其他家庭成员的一些事情。姑姑从广州买了一辆自行车，舍不得骑，我喜欢，后来姑姑将那辆自行车送给我了。姑姑像对自己的孩子一样对我，我在姑姑家暂住期间，玩得不回家，姑姑常到处找我，一次找我找到了凌晨两点多。

我回想了爷爷、姑姑，他们让我非常感动，他们对我无私、热情地付出，我却以麻木与冷漠回报，但他们从来没有因此而放弃我，而是一如既往地爱我。我从没有理解过他们，从没有站在他们的立场上想问题，从没有想过要是我有这么一个亲人，我会怎么样对待。这让我难过，让我羞愧。

我想到了外婆去世，也让我难过。外公那么大的年纪仍为我操心，让我很感激，而且愧疚。第八天，我坚信内观真的可以改变我的生活，改变我对他人的态度。我改变了刚来时那种被动抗拒的状态，回到了积极的状态，我的心情轻松了许多。

回想了说谎事件，觉得我的谎言欺骗的是一些关心、爱护、信任我的亲人、朋友、老师、同学，而他们却一次次地原谅我，尤其是我的亲人。我觉得非常后悔，很对不起他们，我以后一定要设身处地地多为他们想想，想想他们的感受。他们是我的亲人，如果我被他们欺骗会是一种什么样的感受？我不能再欺骗他们了。内观的最后一天，我向往着以后的生活，我相信在不久的将来，我一定会有所改变。

今天，我还回顾了偷窃和弟弟的事。

我想到了偷吃人家的水果，还破坏了人家的果园，却从没有想过那些果农为了生计而付出的辛劳。我觉得我非常自私，我非常愧疚。

我想起了弟弟，他虽比我小10岁，有时父母骂我时，他却常为我辩护。我和父母吵架，弟弟常来劝我少说两句，我吃完饭也不收拾，弟弟会帮我收拾。我感到我连弟弟都不如，弟弟经常尽其所能地帮助我，我感到很羞愧。他真的比我要懂事得多，作为弟弟还要操心哥哥，他对我的热情和关爱相对我的冷漠真的让我无地自容。

作者按：通过内观，他对亲人的印象在往积极的方向转变，不仅限于他的父亲或母亲，也包括他生活中的每一个人。

我就要离开了，回顾这八天，真的觉得我有许多需要改变的地方。面对今后的生活，我会更有热情、更有信心，因为有许多关心爱护我的人在默默地支持着我。面对亲人，我将会用一颗坦诚的心去和他们相处，不会再那么苛刻了，我觉得以后有什么事应该多在自己身上找找原因，而不是将错误归咎于他人。我要努力去体贴、关心我的母亲，理解我的父亲，爱护我的弟弟，不能再用麻木不仁与冷漠去伤害他们了。他们为我付出了太多太多，我知道他们是无私的，是不求回报的，他们只希望我好。我应该好好学习，用我的实际行动去回报他们，让他们多少觉得有一丝安慰。血浓于水，我想我能做到！

作者按：这个16岁的少年，在他的内观心得中多次提到了他对亲人的麻木和冷漠，让我很感动。就是这种发现，让他下决心改变自己。从这位来访者的内观过程中我们也能看出，尽管内观者一开始缺乏改变的动机，但是，契机发生在第四天。在前三天，他并没有做内观，而是在和我做游戏，我没有去揭穿他，只是诚惶诚恐地陪伴着他，用我的心去祈祷，唤醒内观者的超我（佛性），终于，他开始改变了。这一点和真荣城先生说的用合掌这种仪式来面谈具有异曲同工之妙。

（五）网络依赖学生的内观体验

这是一位因网络依赖在名牌大学辍学的大学生，男，22岁，未婚。个性：温柔、外向。出生于干部家庭，父母关系欠佳，他在父母的吵架声中长大，12岁时父母离异，由父亲抚养，父亲、祖父母对内观者很疼爱，关系密切。他因迷恋网络三年，早醒、情绪低落、兴趣降低一年而来求治。1999年他开始上网玩游戏，2003年开始迷恋网络游戏，常玩通宵，以至于将学费和生活费的大部分都用于上网了。2004年被迫退学，2005年其父采取强硬措施将内观者锁在家中一个月。他渐渐出现了疲乏、紧张、警觉性增高的情况，内观者整天闷闷不乐，头脑发胀，反应变慢，视线也变模糊了，内观者说眼前好像裹了一层东西。他情绪低落、消沉，时时会出现想死的念头，他有时想从窗户跳出去，但仍然迷恋于网络游戏，内观者要求进行内观治疗，摆脱现状。

> 我首先以母亲为中心进行了回想，刚开始觉得有些吃力，注意力不能集中。母亲给我买过许多零食、买过文具、买过衣服，还给我做饭。母亲送我上幼儿园，给我零花钱。我在幼儿园和小朋友打架、捣乱，老师找母亲谈话，母亲很生气。我上幼儿园时很调皮，家里有很多零食，我在家里和小朋友一起分着吃了，搞得家里一团糟，母亲收拾了好长时间。
>
> 上小学前我有一次爬楼梯时从高处掉了下来，当时我觉得很痛，母亲急匆匆地抱起了我，我一下子觉得疼痛减轻了。自幼母亲一直非常严格地要求我，望子成龙，给我报书画班，让我学琴、练书法。母亲要求我一定要考第一名，考不好会挨打，那时我很恨母亲，觉得母亲太不近人情了，我一定要考上大学，摆脱母亲，获得自由。
>
> 上小学时，我经常弄脏衣服，母亲每天晚上为我洗脏衣服。我上课时爱说话，后来换座位，母亲还给老师说情。一次玩耍时我砸了一幢楼上的好多玻璃，让母亲给人家说情并赔了好多钱，也给对方造成了不必要的麻烦。我有一次感冒发烧，母亲整夜给我擦浴、降温，肚子痛时她一直给我揉肚子。

我回忆不起来我为母亲做过什么事。有一次我绘画作品获了奖，母亲很高兴，其实想起来这也不是专门给母亲做的。母亲为我做了那么多，我觉得很内疚。

在初中时我开始沉溺于电子游戏中，学习成绩下降。母亲不知道，请老师给我辅导功课，请老师在家里吃饭。为了玩游戏，我偷妈妈的钱，当时我恨我的母亲。妈妈经常说："只要你考上大学，你就自由了，干什么都可以。"我现在觉得自己当时很坏，我认识到了母亲的不容易，有负罪感，我感觉我心上的一块大石头的重量在减轻，我比以前轻松了。

我觉得很空虚，我怀疑我是不是容易忘掉我给别人的好处，怎么就想不起我给母亲做的呢？二十多年我应该给母亲做过一些事，通过今天的梳理，我觉得有点头绪了，脑子清楚多了。

对母亲再次回想。小时候吃鱼，我总是吃好的，妈妈总是说她最喜欢吃鱼头，我们那里的鱼一般都是带鱼，我当时还认为妈妈真的爱吃鱼头。我上大学时出于好奇，买了一个鱼头，实在不好吃。现在想起来，母亲也是一般人，她怎么会喜欢吃鱼头呢？她都是为了让我吃鱼才吃鱼头的，带鱼的鱼头上根本没有可吃的肉。母亲含辛茹苦，无微不至地照顾着我，我从来没有发现这些。

我只会以我的价值观去评断母亲的作为，我只是单方面地接受了母亲所给予的，如同将母亲对我的关爱当作一种工具一样。我虽然知道母亲很辛苦，但从来没有在把母亲当作一位女性来思考她的一切。

回想父亲，我小的时候，父亲在一家食堂工作，他回来时常常给我带些好吃好喝的，当时别人家的孩子都吃不到的，有可乐、高橙、大虾等。父亲晚上回来会陪我玩。小时候我喜欢看父亲做饭，父亲总说有油烟让我到厨房外面去。

我什么都没有为父亲做，还给父亲添了很多麻烦。小时候我不好好吃饭，现在看来，每次让我吃饭对父亲来说都像是灾难。

父亲为我做得很多：有一次爸爸领我到河里游泳，我的脚被划破了，父亲带我去医院；父亲教我写字，在小学三年级时，父亲的朋友来我家，我认了好多字，父亲和父亲的朋友都很高兴，我给父亲脸上增光了，其实父亲高兴是因为孩子有出息，而不是给他争了光；小学时我和同学打架，老师要求请家长，学校要开除我，父亲到处求人说情才让我有学上，后来人家的家长找到了我家里，我害父亲挨骂，给父亲添了不少的麻烦。

我给父亲添麻烦最多的就是，我沉溺于网吧、不回家，父亲经常去找我，我让父亲生气。我还对父亲说过头的话，侮辱他。我有时将家里给的生活费拿去上网，伙食无法保证，体重急剧下降，父亲很心疼，总是要我多吃，注意营养。

我觉得做内观时心里特别平静，我看到了一点阳光。

临睡前我对父亲做了回顾，我觉得我罪孽深重，对不起父亲。

妈妈下乡时，我放学后玩得很晚才回家，爸爸每天要热饭，吃完饭后爸爸就让我学习。放假时，我常常睡懒觉，爸爸为了让我多睡会儿，做好饭后才让我起床。有时我回家迟了，妈妈不让吃饭，爸爸很心疼我，就做饭让我吃。我感觉到爸爸是最关心我的人，爸爸太重视我了，他很疼爱我，从来没有骂过我，想到这里，我这么多年来第一次体会到了很对不起父亲。

我突然想到我为父亲做的都是小事，真正应该做的是让父亲放心(我觉得心情难以平静，想哭)。平时觉得父亲很不关心我，其实他一直在默默地付出，就在他事业最低谷的时候，他也是默默地付出，关心着我、爱着我。这些认识以前我从没有过。

回想完父母后，我想起我以前一直认为父母教育我时他俩配合得不好，反差太大。

现在我觉得很温暖，心情也好了许多。

通过这几天的回想，我觉得我很幸福，我生在一个幸福的家庭，有父亲、母亲、姑姑那么多的人在爱着我。上天对每个人都是很公平的，只是看你怎样去把握。以前我认为自己生活在虚无缥缈的世界中，没有明确的目标，没有把握好未来，我曾想着自杀。而现在我认为，如果我自杀了，父母老年丧子会很痛苦。我现在没有了不想活的想法，心里觉得很沉重，对自己的行为很后悔，不过这种沉重不同于以前无聊、盲目引起的沉重，而是一种去承担起责任的沉重。

在内观前我觉得父亲只是在生活上体贴照顾我，很少关心我性格的塑造。内观后我才知道父亲一直并且最深刻地关心着我。以前我认为母亲对我极其严厉，对我要求过高，管理过于严格。现在我却认为她是慈母，只是性格过于急躁，我可以理解母亲所做的一切。

对于我，过去我曾和父母对着干，我觉得我很自私，对父母伤害很大，对不起父母，我以后要孝敬父母。还有个人的一些习惯性的东西，我以前从没有正面面对过，现在觉得有些事说出来并不会让别人瞧不起，反而让自己会更好地反省自己。我以前的目标不切实际，通过这次内观，我内心充实了许多，前进的动力较足，现在已确定了目标，我争取在一年内实现目标。通过这次内观，我心中的一些困惑也消除了，我敢于面对以前不敢面对的问题了，以前抑郁、悲观的不良情绪有了明显好转。

我从自私的我走向了真实的自我，我认识到了我的无能和愚蠢。一个人的成长是靠别人支持的，内观改变了我。

作者按：这位学生在成长过程中受到了母亲的不良暗示："只要你考上大学，你就自由了，干什么都可以。"他的潜意识中有了这样的想法，所以在上大学后，他丧失了人生的目标和学习的乐趣而沉溺于网络，在网络游戏中寻找战胜对方的乐趣和自信，以致学业失败。

通过内观，他认识了到父母一直以他们自己的方式全身心地爱着自己，但是，他却常常因为寻找不一样的爱的感受，而忽略了这份亲情。同时他还认识到了还有许多人在关心着他，明白了他犯了什么样的错，所以他认为自己要勇于承担责任，重新面对人生。

如果一个人能将自己的父母视为一个普通人，就表示他与父母站在了同等的位置上，因此，他能够感受父母所给予的一切，就能变成一个独立自主、掌握自己人生的人。反言之，如果一个人老觉得父母对自己的关爱不够多，总是反抗父母，那他就只能活在父母的羽翼下，永远没有振翅高飞的一天。

内观不会提供意见，怎么做由自己决定，需要自己来探求人生的意义。内观是帮助你找回自我的方法，与其他心理治疗方法一样，只是内观操作起来简单，不需要特别的设置。只需要一个屏风，一个墙角，就可以随时随地做内观。

对于学生来说，限制自由来观察自己的确很难，但是，改良的内观疗法的疗效相较于内观疗法有一定程度的折扣。罗杰斯开创了以“咨客”为中心的治疗理念，在这种治疗理念下，咨客有相当大的自由叙述自己，而内观咨询师在理论上也是非指导性的，相信内观者的洞察力是咨询师必备的态度。大多数的咨询师都是理想主义者，咨询师的观点有时可能会变成污染治疗空间的毒素，所以在大多数情形之下，咨询师给内观者提供一个安全的空间，让他们表达惭愧、罪过、恐惧、愤怒和悲伤，这是菩萨之道。心理疗法有点像外科手术，当一个心灵的伤口敞开时，不让新的细菌接触伤口很重要。

其他形式的改良内观经常会破坏这种设置，使内观者失去安全感，然而严格地遵守原法又不切合实际，所以最好的办法是，对于16岁以上的学生，尽量先用原法集中内观，在后续的日常学习和工作中再使用其他形式的内观；对16岁以下的学生，则用其他形式的内观，如下面将要提到的日记内观、内观训练营等等。

二、日记内观

上一节所提到的案例中，进行集中内观的都是学生，而集中内观，只适用于一定年纪的学生，通常在他们的假期才能进行。我们还有一些训练适用于各个年龄段的孩子，而且可以渗透到日常的学校教育中去。中小学心理健康教育，主要是给在校生传授增强心理调节能力的技巧，预防学生心理障碍的产生，这样即使他们步入社会，在没有老师、家长、同学陪同的情况下，也可以自己帮助自己，所以中小学心理健康教育的重点之一是心理自助方法的传授。内观法在学校的应用，并不是一味地让孩子们在课堂、教室甚至在家做深刻的自我检查，而是让他们学会一种回忆自己生命历程、发现自我、改善自我并发展自我的方法。在教学中应用内观法，让孩子们在应用中领悟这种方法、掌握这种方法，这就是内观日记训练的目的。具体操作过程如下：

现在的学校一般都要求学生写日记，我们可以将内观法融入学生的日记写作之中，通俗地讲，就是要求学生按照内观的主题写日记。学生每天只需要花10分钟的时间来做内观，孩子可以将内观的内容写在日记本上。每天的日记内容由老师按内观的三大主题去安排，要求学生写出具体的一件事，记录当时的情境、感受和事件开始到结束的全过程。等孩子们熟悉以后，可以转为周记内观，一周一次。

日记内观的要求：

1. 目前我存在哪些问题和苦恼？

2. 按阶段回忆父母为我做了什么。（要求学生写出印象最深的发生在生活中的事件，按学龄前、小学、中学、大学的分段，每一阶段至少写出10件事。要求：某一天，某个地方，完成的事情；有开始和结束；现在能清清楚楚地想起的事情；与感情相伴的事情。）

3. 我给父母造成了多少麻烦？

4. 我为父母做了什么？

5. 一周一次总结，写出自己写内观日记的感受。

通常孩子们很配合，大多数孩子认为写这样的日记有内容、真实，容易写。通过这样一种形式的日记内观，孩子的抒情能力、写作能力在一学期后都有所提高，最重要的是孩子们变得容易管理了，有了一颗体贴他人的心。

举一个小学三年级的女孩做的内观日记的实例：

5月20日（星期一） 阴

小学以前妈妈为我做的事

妈妈和我一起放风筝，我们拿了风筝到河坝上。妈妈拿风筝，我跑，可是我还是放不起来，妈妈就帮我放。妈妈很厉害，让风筝飞得特别高，成了一个小黑点，都看不见了。当时我特别开心，觉得妈妈是世界上最厉害的人。和妈妈一起玩真开心。

5月21日（星期二） 阴

小学以前我为妈妈做的事

上幼儿园的时候，妈妈生病了，躺在床上，什么都不能干，我感到非常难受，所以就给妈妈倒了一杯我爱喝的糖水，妈妈开心地笑了，我也笑了。

5月22日（星期三） 多云

小学以前我给妈妈添的麻烦

有一次，爸爸妈妈都不在家，我没事干，就想帮妈妈做点事。于是，我就把半袋洗衣粉倒进了脸盆里，用抹布蘸着洗衣粉水把家里的电视、冰箱全部都擦了一遍，结果水进到电视里了，妈妈批评了我，我很难过，好心帮了倒忙。

如果学生一开始不能很好地回想，老师可以给以下提示和引导。比如：

◆试着回想上小学前你住在什么样的地方？家门前的那条马路长什么样？是泥土路，砂石路，还是铺过的柏油路？

◆顺着马路往右转，住着什么样的邻居？往左转呢？

◆你家附近的小店是什么样的？

◆回想小时候常去玩耍的公园或广场。

◆回想家中的状况。鞋柜是放在门的左侧，还是右侧？厨房在哪里？

◆回想一下你的房间。在床上躺下来时看得见什么呢？挂钟，衣柜，还是妈妈的化妆台？有没有人陪你一起睡？他们睡在你的哪一侧？

◆回想一下你最常吃到的一道菜是什么？有没有什么特别喜欢吃或是不喜欢吃的东西？喜欢喝茶、汤还是白开水？

◆谁做饭给你吃？

◆有没有人帮你挑出鱼骨头？

◆有没有人帮你剥过橘子皮？

◆有没有人帮你铺过床？

◆回想一下进入小学后的事。是谁买书包给你？是谁每天替你削铅笔？

◆回想一下从放学回家到上床睡觉的这段时间，你通常都在做些什么？

◆回想一下学校或家里的特别日子，如运动会、春节、新年，你都在做什么？

◆回想一下从出生到小学六年级，你帮谁做过以下这些事：捶肩、跑腿、庆祝生日？

◆回想一下从出生到小学六年级，你给别人添过什么样的麻烦？半夜你有没有吵醒过别人？谁陪你一起上洗手间？有没有因为不想上学让谁伤透了脑筋？有没有因为玩得太尽兴而太晚回家，让谁非常担心过？

在班会的时候，老师可以让全班的同学分成若干个小组，学生在小组内对一周记忆深刻的内观事件进行分享，然后每个小组选出一个最感人的回想事件，在班上分享。

与在下面章节我要提到的假期内观训练营总结会一样，这样的内观对话，是让我最感动的，给我留下了很多难忘的回忆。我记得有一个9岁的小男孩，在分享他的感受时大声地说："在×年×月×日×时×刻，妈妈为我做了一件最了不起的大事，就是把我生出来了。"小组分享时，孩子们都很受感动，推荐他到了大组分享。对这一句话的讨论、分享，强化了孩子们对妈妈给他们生命的感恩之心。

有个孩子的童真童趣也让我难以忘怀。他说，有一次妈妈和他一起回家，他家在山上，他不想走路了，就说自己瞌睡了，妈妈就背着他爬山回家。后面走来了一个同村的人，看见妈妈很累，说："孩子不小了，可以自己走上去，放下来吧。"当时他根本没有睡着，可是趴在妈妈背上的感觉太好了，就把眼睛眯上装睡。听到那人的话以后，他很不高兴，生怕妈妈把他放下，赶紧把眼睛闭得紧紧的。但是，妈妈并没有听那人的建议，而是回答说："孩子困了，睡着了，我还是背着吧。"只听见那人笑了起来："哈哈！娃的眼睛颤得哗啦啦的。"（当地的方言，意思是说眼皮在发颤，根本没睡着。）他可能是由于怕被人发现，使劲儿闭眼睛反而导致眼皮发颤。其他同学听了他的分享，纷纷说自己也有类似的经历。通过这样的分享，可以锻炼孩子的表达能力，老师还可以通过及时引导其换位思考的方式，来唤起孩子与家长的连带感，对学生逃学、上网等行为以及各种焦虑情绪有疏泄作用。这种方法操作起来不复杂，一般教师不需要特殊训练就可以做到。

三、团体内观

集中内观的年龄以16岁为一个界限，一般情况下我们接受16岁以上的学生进行集中内观，当然也有例外的情况。但是对于年龄相对小一点的孩子，我们往往让其连续一周一个人待在屏风里。于是，我们还可以给学生安排假期团体内观训练营。

我们在2008年做了一个关于内观训练营的评估课题，具体内容如下：

（一）资料来源

2006年寒假和2007年暑假期间，甘肃某中学对100名高中学生做的团体内观训练。

（二）内观对象选择标准

1. 初高中学生；
2. 自己愿意体验内观；
3. 希望通过内观改善亲子关系；
4. 无酒精和物质滥用；
5. 无重大躯体疾病；
6. 无精神病史，排除精神发育迟滞；
7. 家长同意。

（三）具体操作步骤

1. 梳理孩子的情绪：因为有一些孩子是父母让他们来的，是非自愿的，训练开始前允许孩子们先发牢骚。

2. 分组：用一些游戏，如无家可归、刮大风等，让孩子们热身并分组。将孩子们分成3～4个小组，每个小组由3～4人组成。

3. 建立团体契约，大家共同遵守。契约的主要内容是遵守训练时间，对团体中其他成员所做及所说的内容保密。

（三）评估方式

内观前和内观后一个月，分别用家庭亲密度与环境量表等，由统一培训的心理医生进行评估。参评者一致性检验：Kappa值为0.75～0.89。通过统一的指导语，让学生用状态—特质焦虑问卷、主观幸福感量表进行自评，或用家庭亲密度和适应性量表进行评估。

（四）内观操作过程

内观时间安排：利用寒、暑两个假期，抽出七天时间，上午9:00至11:30，下午2:30至5:00，对学生进行内观训练。

让学生们首先回忆“母亲为我做的”：回忆40分钟，在小组内分享感受大约20分钟，然后每一组选出一个最感人的故事，在整个团队间分享。而其他组选出一个孩子，扮演母亲的角色谈谈感受，大约需要20分钟。有一些孩子不愿说出来，或更愿意单独讲给咨询师，在这期间我们的咨询师和教师会随时解决孩子的疑问，引导孩子进入内观。

接下来让学生回忆“我为妈妈做的”：回忆40分钟，在小组内分享感受大约20分钟，然后每一组选出一个最感人的故事，在整个团队间分享。而其他组选出一个孩子，扮演母亲的角色谈谈感受，大约需要20分钟。如果孩子回忆不起为妈妈做的事情，教师或咨询师就引导学生想象能为妈妈做些什么。孩子可能会说：“我虽然很小，但却可以给妈妈做很多事，让妈妈高兴。”

最后让学生回忆“我给妈妈添的麻烦”：回忆40分钟，在小组内分享感受大约20分钟，然后每一组选出一个最感人的故事，在整个团队间分享。而其他组选出一个孩子，扮演母亲的角色谈谈感受，大约需要20分钟。

孩子们的时间安排比例和成人1∶1∶3的比例是不一样的，如果让孩子用两倍的时间来回忆给父母添的麻烦，他（她）会认为这次训练是为了追究自己犯的错误而反感这样的训练。将回忆“我给妈妈添的麻烦”这一个题目的时间设定和前两个题目的时间设定保持一致，以便消除孩子的逆反心理。

家庭作业：对妈妈表达爱、感恩，也可以做一些在白天的回忆中能够给妈妈做而没有做的事情，还可以让孩子们将当天不愿意分享的体验写下来。

在做团体内观训练时，孩子们的家庭作业也让我很感动。

有孩子这样写道：“我忽然感觉世界上最真、最美的爱莫过于父母对子女的爱，它是那么无私、无偿，是金钱买不到，时间换不来的。我真想现在就回到他们身边，为他们多做些我能做的事。通过做内观，我感到我长大了，成熟了，我为自己感到高兴。”

有一个孩子写道：“当你对爸爸、妈妈、同学、老师挑剔和抱怨时，当你对学校和家庭无奈厌倦时，生命中的一切给你的感觉都是冰冷的。内观心理训练中，我对妈妈的爱变得越来越敏感，在不知不觉中将这层‘冰’一点一点地融化了，让我自然地感受到了‘冰’下那涌动着的潺潺的爱的暖流。这股暖流让我无法抗拒地萌发出对生命的回应、对爱的回报。”

另一位同学这样写道："内观心理训练的最后一天，小组成员在一起讨论各自得到的爱。大家一起回忆分享着快乐时光，让我感觉整个教室都充满着温暖。我们都感觉到原来幸福那么简单，在我们的生活中充满着爱。"

（五）结果

内观前后学生主观幸福感水平明显增高，较内观前有显著性差异（$P<0.01$）。

内观前后学生家庭亲密度与环境量表：亲密度、情感表达、矛盾性、成功性、道德观、组织性、控制性各因子均有显著提高（$P<0.05$ 或 $P<0.01$）。家庭亲密度增加，矛盾性减低。

内观前后状态、特质焦虑的变化情况：内观后100名学生的状态、特质焦虑均有不同程度的降低。内观前状态、特质焦虑的平均值与内观后的平均值存在显著性差异（$P<0.05$）。

（六）结论

理论上内观不仅能降低状态性焦虑，同样能够缓解特质性焦虑。我们的研究结果表明：参加训练的学生状态、特质性焦虑均较内观前显著降低，与稻永、田代、王红欣的研究结果一致。这提示内观疗法具有精神健康状态及心身症状治疗意义。从本次接受内观体验的孩子心理变化的结果来看，孩子们不仅在治疗过程中产生了"感谢"的情感，也通过对"给他人带来的麻烦"进行回忆，产生了明显的内疚感，从而使孩子认知的变化成为可能，同时伴有较大程度上的特质性焦虑缓解。这也支持了川原隆造等对内观疗法机制的阐述。

随访中发现：学生的自控能力提高，情绪更加稳定，和家长的亲密程度增加，愿意和家长交流思想，同时孩子们的文娱体育活动也增加了。学生通过内观回忆体会到了被爱感、连带感、喜悦感、非病理性耻感。被爱感使学生感到安慰、自信、振作，同时让学生有了成就感；连带感使学生注意行为后果、提高高级意向，增加了学生的责任感；喜悦感，即为他人、社会做好事的喜悦体验，可以帮助学生找回信心，让学生知道自己曾经为他人做过什么，从而可以巩固、发展学生的积极行为；羞耻感、内疚感、对他人的欠缺感可以使学生回报他人、社会，学生同他人、社会的关系会更加融洽。

第四节 家庭内观 改善亲子关系

有一位父亲因为孩子早恋来找我。这位父亲告诉我他很忙，每天晚上九点多才回家，但是不管他多累，他都还要给孩子嘱咐一番。我问效果怎么样，他说没有什么效果。我说："那你为什么还要说呢?"他说："孩子总会听进去一点的。"

当我和孩子交流时，孩子说："他把我控制得太死了，什么事情都是他安排好的，我没有必要去努力。我如果成功了，那也是他安排的结果，有什么意义呢？和我有什么关系呢？我曾经和我爸谈过几次，刚谈完会好一点，但是好景不长，没两天爸爸就开始担心是不是太宽松了，就紧一点、再紧一点，又回到了以前，你说我能不窒息吗？我们同学人家好一点，人家的妈妈给他活路，帮他。我妈妈纯粹是我爸爸的帮凶，一点主见都没有，现在更是变本加厉，真正的'混合双打'。自从有了这个女同学，那家伙，父母都'疯'了。我也没办法，只能这样，看他们能怎么样。"我问："你现在怎么样?"他说："他们让我干什么，我偏不干，看他们能怎么样。比如，天气冷他们让我穿外衣，他们还没有张嘴我就说'不'。其实我也冷，下楼后我再来取衣服都可以，就是不听他们的。"

我们不难看出，这个案例中的父母头脑中还存在着落后的行为方式和教育理念。很多父母仍然认为亲子沟通就是简单说教，父亲以权威身份出现，孩子只能被动地听从。等孩子出"问题"了，他们又彻底没招。

一、亲子关系的重要性

亲子关系原本是遗传学中的一个术语，指亲代和子代之间的生物血缘关系。在心理学上，亲子关系用来代指父母与子女的关系。亲子关系是我们来到人世间的第一个人际关系。亲子关系对每个人的身心健康都十分重要，它直接影响一个人的人格、人生观和价值观的形成。

大量研究报告指出：不融洽的亲子关系会带来消极的影响，从而使青少年的心理行为问题增加。心理学家Barbara·N.Allision研究证实，亲子冲突和青少年的反社会行为显著相关，青春期早期频繁、激烈的亲子冲突可能预示着青少年很大程度的冲突和敌意。

亲子关系是家庭教育的哲学基础，有什么样的亲子关系，就有什么样的家庭教育，没有平等的亲子关系就不可能有高质量的家庭教育，因为家庭教育是亲子互动的过程。

家庭氛围对孩子的成长是至关重要的，而氛围并非完全是由物质组成的，因为氛围是人与环境互动的结果。从孩子健康成长的需求出发，家庭缺少什么？缺少的是亲子互动。

二、亲子关系中存在的问题

（一）孩子的成长需要空间

英国心理学家希尔维亚曾经说过：这个世界上所有的爱都以聚合为目的，只有一种爱以分离为目的，那就是父母对孩子的爱。父母正直成功的爱，就是让孩子尽早作为一个独立的主体从你的生命中分离出去，分离得越早就越成功。距离和独立是对人格的尊重，这种尊重即使在最亲近的人中间也应该保持，要理解孩子没有秘密的痛苦。

有一个孩子这样说："我在书房看书，还是能感觉到妈妈在操心我学习了没，她就找借口来送水、递水果等等。妈妈在外面应酬，在百忙中还要抽时间打电话问我在干什么。你说她累不累。"

与孩子相处要留一点分寸，留一点距离，父母做好自己的本分。孩子像树苗一样，要自己成长，你怎么着急都不能代替他成长，你的任务是浇水、施肥、锄草、松土、修剪，而且要按他的本真去修剪，依着他的特性去修剪，不能按照我们自己的意愿去修剪。我们的孩子是一棵白杨树，我们非要把他剪成秦安的桃树，只能让他受到摧残，而我们自己却浑然不知，说桃子多好，人们都爱吃，桃木又辟邪。我这样说，读者或许会感到不可思议，但是仔细想想，在家庭教育中我们是不是在有意无意中都犯过类似的错误？

(二) 不平等——亲子交流的绊脚石

心理学上有一种界定：现代人交往中有一种行为叫非爱行为，我们甚至可以打着爱的旗号进行我们的非爱行为。什么是非爱行为呢？就是以爱的名义对亲近的人进行非爱性掠夺，这种行为往往发生在夫妻、恋人、母女、父子等世界上最亲近的人之间。

不少母亲经常说："你看看，自从生了你以后，我工作也落后了，人也变老了、变丑了，我一切都牺牲了，都是为了你，你为什么不好好读书？"这是一种以爱的名义进行的强制性的控制，强制他人按自己的意愿去做事。

一个高二的男孩因逃学，很少与妈妈说话，被母亲拽来让我帮着教育。我与孩子建立信任关系后，我问他："为什么不与妈妈说话？"

他说："我想和妈妈说话，但又不敢说，我也不想给妈妈发火，但没办法，只有这样才能不找你们，但我还是来了。一旦我对妈妈的态度稍微好一点，妈妈就要接近，开始唠叨，说，不停地说，直到我发火，才会停一下。比如我要出门，给她说一会儿回来，但是她一定要问具体什么时候回来，我说六点多吧，她又说，报个准数到底几点回来，这时我就不想回来了。"

(三) 家庭教育没有计划

有个周末我在家，正在写这本书，恰巧写到亲子关系这一节，同事打电话说有个朋友家的孩子歇斯底里，让我和他过去看看。

原来当天早上，因为孩子学习的事，一开始父亲训斥孩子，停下来没到一分钟，母亲又开始了。孩子突然大喊大叫，歇斯底里，跪下哭着说"我错了，我马上做"，重复这句话达两个小时。后来孩子安定下来了，他父亲问我下午要不要让孩子去补英语，他父亲说："孩子每个周六、周日上下午都要补课。"

补课多了学习就好吗？补课是家长的需要还是孩子的需要？

还有一位高一的学生是这样评价自己父母的："我的父母是权威的象征，使人不敢冒犯。有一次，我反对妈妈去搓麻将，就提出了异议，可我的话还没有说完，妈妈就以她的镇山法宝'大人的事，小孩子别管'把我堵了回来。她还经常将一些'没大没小''没分寸'之类的话挂在嘴边。"

三、通过内观改善亲子关系

以上的事实说明，家庭和睦，必须要保证良好的亲子互动，只有一方努力是没有效果的。不少经过内观疗法治疗而获得新的世界观的来访者，一旦回到日常的生活中去，因为其父母或配偶并不想改变原有的人际关系，不久之后免不了重归原状。为了避免以上情况的发生，我们经常建议来访者的父母或配偶一起进行内观。在很多情况下，如果对一方反复治疗，要帮助来访者从这种阴影中走出来，在实际生活中，必须使其与父母或配偶保持一定的距离。物理上的距离当然不可缺，心理上的距离也不能少。

所以，通过内观改善亲子关系时，往往也同时要求这些孩子的父母一起进行内观。因为在父母的眼中“孩子是永远长不大的”，这反而会成为孩子成长过程中的绊脚石。内观让这些家长清理一些固有观念，让他们了解孩子也有独立的人格、有自己的人生，如此一来家长就不会给孩子一些无谓的压力，同时家长也能认真思考自己的人生。也就是说，让亲子双方都有所改变，相互帮助，才能一起探索更好的亲子关系。

请停下匆忙的脚步，陪着孩子学习你和孩子的历史，站在现在的时间段和对方的立场上分析你过往的体验、经历和所作所为，你将会有新的发现，你会看清事情的本来面目。你目前所遇到的孩子的问题的答案，也许会在你十几岁的某一次经历中找到。通过这样一个过程，我们有了一双审视灵魂的眼睛，这双眼睛不断地审视自己，帮助我们了解过去、把握未来，让我们从逆境中解脱出来。只有清楚地了解了自己的内心，我们才能在这个世界上找到最基本的出发点，才能够善待自己、善待孩子，成为一个合格的父母。

（一）父母的内观感想

有一位高中生，这位男孩网络依赖，有时喝酒、打架，他的父母亲在家里一直用暴力的手段教育孩子不要上网。他们与儿子一起来我们内观治疗中心，下面先记录一段他们内观之后的感悟。

1.母亲的感悟

因为他不能戒除网瘾，我有时打他，并且说些“你太没有骨气了，你不能戒网瘾，你把咱们的家给毁了，我和你父亲当着你的面争吵，你为什么还要上网?”之类的话。我总是反复责怪他沉溺于网络，但是，当我检查自己作为一个母亲的职责时，我意识到了那是我自己的错。我要求母亲去做的和我从母亲那儿接受的东西似乎解释了我儿子现在的现状。我为已经做了如此的事情，感到非常内疚。但是，做过的事情已经不能改变，我首先不得不与我们家庭所有的成员讨论这个问题，然后我们必须努力摆脱这种可怕的状况。

我问她：“你作为一个母亲，现在这种困局，你认为主要的原因是什么?”

她给我的答案是这样的：

因为我总是忙，我总是给他一些物质的东西让我自己满意，而这就造就了他现在的状况。当我还是一个小女孩的时候，我总是要待在母亲旁边，而且无论她去哪儿我总是紧跟其后。我的儿子或许也有同样的感觉，就像我对我的母亲一样，然而我不能理解他的感觉。

内观之前，她认为她儿子的过失是他自己造成的，而通过做内观，她开始从不同的角度看待这个问题。她和她丈夫运作着的生意是相当兴隆的，为了生意，他们忽视了关心他们的儿子。

2.父亲的感悟

在这七天的开始，我非常不愿意做内观，只是不想得罪医生，怕得罪了医生，他们不帮助我们。我们实在没有其他办法了，其他地方都去了，没有找到解决问题的办法，我们想着来试一下。我头两天还想着自己的生意，只是应付一下医生，第三天，我们没有办法了，感觉心里很烦。之前去乡下看老母亲，本来不想让老母亲知道，但是实在憋不住，我将孩子的事情给母亲说了，没想到很爱操心的母亲，对这件事却很淡然，她说：“咱们的孩子长得个子很高，五官端正，没有什么怪样子，身体健康，也很聪明，你有什么好担心的?要死要活的。他还是一个孩子嘛，你放宽心，不会有事的。”我听了以后很不开心，妻子火上浇油，也是气急没办法，一股脑给母亲说了孩子是怎么不回家、上网、打架、喝酒的。母亲一开始有些惊异，但马上镇静下来劝我，要慢慢来，不要着急，孩子会慢慢长大。我觉得母亲尽说没用的，很烦，母亲看这样劝我没用，也有些生气，说："我看娃比你小时候好多了。"我听后越加生气，不想再待下去了，要喊妻子回家。母亲说："你别生气，你小时候很调皮，经常因为打人，别人找到家里来告状，你爸爸很要面子，让他知道了会打死你，大部分情况下我都私下处理，瞒着他。在你十岁刚出头的时候，有一次晚上没回家，我不敢让你爸爸知道，一个人找了一晚上，脚底磨满了血泡，天快亮的时候才在一个同学家找到了你。看到你在同学家炕上和其他三个同学熟睡，我轻轻地摸了一下你的脑袋，没有忍心叫醒你，自己回家了。你不是也没有学坏？天没塌下来，你现在不是很有出息吗？"其实当时我听了母亲讲的这些话，心里轻松多了。这几天在这里，我也想了许多。我的父母，几乎没有给我什么压力，绝不会把自己的理想嫁接到我身上。我知道了应该怎么引导孩子，我现在也有信心帮助孩子戒除网瘾。

有一种说法：孩子们是看着父母的脊背成长的。这意味着父母亲和孩子们不能直接交流。然而，我认为今天我们注定不得不与我们的孩子进行心与心的谈话并且与他们玩耍。无论怎样，通过内观，这对父母意识到了他们是如何对待儿子的，而且他们还意识到，儿子现在网瘾的主要过错正在于他们。

（二）一家三口的内观感想

家庭内观的治疗意图就是通过支配者在接受内观后所起的变化来抚平被支配者所受到的心理创伤。据真荣城先生介绍，在日本，最早是在1980年，栗本藤基在第三届内观学会上提出了自己的观点，开创了家庭内观的新局面。栗本讲到自己导入家庭内观的动机时提到，对长期慢性化的精神分裂症患者进行治疗很困难，所以他不得已想到了要对患者的母亲进行内观。因此可以说家庭内观是在医生束手无策的前提下诞生的。产生家庭内观的这般看似简单的原因背后，却有着耐人寻味的治疗机制，即一部分精神分裂症是源于童年时代母子关系的偏差，所以真正的治疗应从改善母子关系着手。

如果家里有一个事业上非常优秀，各方面都很完美的父亲存在，对孩子而言，也是一种负担。正是因为父亲至上，小孩子没有反抗的余地，无法表达自己的想法，结果是只能顺从父母的期望成长，没有反驳的空间，也没有机会发生亲子之间的争执。孩子的这种无法抒发的情绪，对孩子而言，其实是一件很痛苦的事，下面的例子就是这样的。

男，18岁，高中生。学习成绩一直优秀，近两年，成绩下滑，情绪不好，没有与母亲说过一句话，与父亲敌对。父母亲找到我们，要求给孩子进行开导。我们要求母亲、父亲与孩子一起做内观，让他们重新认识孩子的过失，取得了很好的结果。

这个男孩婴幼儿时期由于妈妈要上班，由奶奶抚养。当初，奶奶不同意妈妈与爸爸结婚，所以经常说妈妈的不好，给他幼小的心灵埋下了不喜欢妈妈的印象。后来又有了弟弟，这个男孩便认为是由于妈妈不喜欢他，才要弟弟的，与妈妈的关系一直不好。他爸爸是一位军官，对孩子要求很严，孩子看见父亲就害怕、厌恶，他说父亲对他一直像对待新兵训练一样严苛。

1.学生的内观

我读高中一年级时，有一次我走向学校大门，但没有进学校，而是回到了家，我与父母之间的问题以及我的学习问题，就是从这个时候开始的。我父母亲没办法，找心理医生，医生让我们结伴来这里。第一天对我来说非常难过，在那里我不能说话，只能坐着和思考，我觉得无聊，想回家，我怀疑父母是不是也在做，他们是不是与医生一起在监视我。但是，医生一小时来一次，只是问那三个主题，态度非常诚恳，我开始觉得对不住医生，于是开始在记忆中寻找。

当我开始思考时，咨询师让我回顾与母亲的关系，还有我从母亲那里得到了什么。我一年没有跟母亲说过一句话，我觉得几年来不能原谅母亲，我记不起我从母亲那里得到了什么，对母亲只有不满。咨询师便让我将对母亲的不满写下来，我足足写了30多条，通过这种方式，像舒解了我心中长期积压的不满情绪，接下来的内观过程也就比较顺利了。

小时候，妈妈为我做饭，给我喂饭，替我织毛衣，在我生病后送我上医院，教我背唐诗。我站在床上，妈妈给我系扣子的模样我记得很清楚。因为我的原因，奶奶有时会和母亲吵架。上初中时，我身上起了痱子，妈妈很伤心，为我找了好几个医生，我的病很快就好了，而她有病时却连药都忙得顾不上吃，发烧时还要给我做饭，手破了也无所谓，此时我感受到了妈妈的爱。我喜欢踢足球，经常打破别人家的玻璃，人家找妈妈，妈妈给人家又是道歉又是赔钱，妈妈为此生了不少气。

上小学时，我有一次生病，我很害怕，觉得自己要死了，就哭了，妈妈就鼓励我，在医院里陪我，现在想起来妈妈的言语很亲切。有一次印象很深，我在外面玩时弄得全身是泥巴，别人看见都躲着，一回到家里妈妈就给我洗了。想到这些，我对母亲的反感少了。

与同学闹矛盾，我气不过找了几个朋友准备报复，结果妈妈知道了，阻止了那次打架，从那时起我就更气愤妈妈了，觉得妈妈太绝了，让我没有面子见同学，我很恨她。现在觉得是我的不对，妈妈阻止我是为了我的安全。

但我想不起我给妈妈回报了什么，我注意到过去我只是一味地想着自己，从没有想过别人。作为妈妈辛辛苦苦养大的儿子，不与她说话，妈妈的感受如何？以前，我总是觉得妈妈十分小气，经常和小贩讨价还价，不值得尊敬，从不想妈妈下岗以后，我们家两个孩子，还有姥姥，就靠爸爸一个人的工资，这个家就是靠妈妈精打细算维持着的。

我觉得妈妈其实没有做错什么。妈妈把我带到这个世界上，她对我的成长有很大的作用，对我的打骂都是有道理的，她太爱我、太关心我了，我总是把她的爱和关心理解为理所当然。

接下来又回想了父亲。爸爸陪我去山上放风筝，半路我累了，爸爸就背着我上山，爸爸很胖，其实他比我还累。我喜欢足球，爸爸出差，给我买了一款当地没有的足球，当时我很高兴，也很自豪。

高中时我开始逃课，老师常常请爸爸去学校，让他领我回家，爸爸很为难。我没有考好试，离家出走了几天，爸爸很着急。我回家后爸爸却在反思他对我的教育方法。

我觉得我做了许多不应该做的事，给爸爸添了许多麻烦，爸爸都原谅了我并宽容对我。虽然他打过我、骂过我，但是对他来说打我骂我都是他不愿做的。内观结束时，我觉得我的父亲特别平和，给了我很多安全感。

如果没有内观，我恐怕会一辈子恨我爸爸。我明白一个人如果不感谢他的父母，他就不可能被他人信任。

我在身体上没有什么不足，父母给了我强壮的身体。以前，我觉得拥有健康的身体很好，但在做了内观之后，我开始在心底深深感谢父母赠予我的一切。同时，内观让我懂得了我想得到的便在内观之中，我对于我从父母处得到的如此之多，以及给他们带来如此多的麻烦和问题而感到十分惊讶。我让父母如此付出却无所得，我对他们的回报也如此之少。我现在比较轻松自由，以后想必能处理好我的事。每个人都有人生的低谷，我相信我一定能够走出这个低谷！振作起来，回报父母，回报社会。

尽管，我因为做内观有两个星期没有去学校，但我感到我内心变得强壮了，而且，内观之后我去学校总是满怀勇气。后来我逐渐可以顺利去学校了，我想内观帮助我克服了我的问题，这是我第一次不借助他人的帮助克服了自己的问题，也是我第一次不借助他人帮助解决了个人的思想问题。

作者按：你可以将你的父亲与一张张不开心的、愤怒的脸联系在一起。而当你做内观时，这个铭刻在你大脑中的塑像往往会被改变。这位学生，在做内观之前讨厌他父亲，因为他认为父亲不懂得别人的感受，首选的是权势，总是在抱怨他人。但在做内观时，他想起了当他还是个孩子的时候，父亲买给他的足球。他注意到了父亲并不是经常封锁对他的爱。

他能够回忆起父亲微笑着面对他的场景，他可以通过回忆这个场景而被感动，而那仅仅是他和父亲在放风筝罢了。

在回忆从母亲那里得到的时，他说自己一年没有与母亲说过一句话，对母亲只有不满。我们便让他将对母亲的不满写下来，他足足写了30多条。在内观过程中，咨询师经常会应用这种方法，通过这种方式，确实能舒解内观者心中长期积压的不满情绪，这是内观过程中克服阻抗的方法之一。通过舒解，内观者之后的内观过程也就比较顺利了。

2. 母亲的内观

身为母亲的她非常烦恼，为了解除苦恼，她愿意配合我们，与儿子一起来到了内观中心。在母亲接受内观疗法的这段时间，她回顾了她的母亲，发现她要求母亲去做的和她从母亲那儿接受的东西，解释了她儿子现在的状况。

事实上，这个孩子小学时成绩一直名列前茅，保持在前3名；初中时仍然不错，一直在前10名；可高中以后，无论他怎么努力，成绩总是平平。母亲总抱怨他的学习，由于不能容忍她的抱怨，一天孩子对她说："听着，好孩子是夸出来的。"可她没有从他的暗示中得到什么。

在内观报告中她是这样描述的：

我当时认为一个孩子学习好才是最好的，但我的儿子现在是一个在学习上很糟的人，我没有感受到我对他的爱，这不是我所期望的状态，所以，我变得急躁，坦白地说我讨厌他。

他在家中努力揣测父母心意而倍感压力和紧张，他在学习上比他好的同学面前低人一等，他对体育很感兴趣，也很擅长，但我却阻止了他参与。

最终，他开始不上学了。因为他不去上学，我有时打他，并且说些像这样的话："妈妈为了你，下岗后没有出去找工作，想一心一意带你，给你做饭、洗衣服，接送你上学、放学，就是给你做保姆，可你还是这样不争气。刘阳他妈那么忙，从来不管他，你看人家的孩子多争气，学习多好，还那么乖……"我经常拿孩子和其他孩子比，使他很反感。在内观过程中我回忆起自己小时候最深恶痛绝的事就是妈妈拿我和邻居家的那个全县"十佳少年"比，以至于我都不和那个孩子玩了。没有一个孩子愿意接受对父母而言别人家的孩子比自己优秀的事实。

我认为今天我们注定不得不与我们的孩子进行心与心的谈话并且与他们玩耍。我从儿子那里什么也没有得到的自大想法，在做了一两天的内观后就有所改变。我想到了儿子刚出生时和他还是婴儿时的笑容，给了我极大的快乐，我的眼泪就止不住地往下落。

我把他抚养大，我也因他的成长而生活得快乐。女人并不是天生的母亲，我和孩子共同成长，儿子慢慢成为健康聪明的孩子，而我慢慢成为温暖快乐的母亲。我知道只有我是健康快乐的，才能把这份快乐传递给孩子，只有我善待我自己，才能善待家人和孩子。以前我经常对孩子苛刻，对我自己也苛刻。

作者按：通过内观，她出人意料地开始去关心孩子以前一直喜欢的东西，并且意识到了她对孩子做了可怕的事情。她渐渐懂得了当她应用诸如表扬一类的表达方式时，真正意味着什么。

孩子真正想要的是父母像对待成年人一样对待他。尽管这样，她总是将他的骄傲砍得支离破碎，那正是他厌学的原因。在离开我们的内观中心之前，她对我们说："从现在起，我将努力去做一位好妈妈，并且把他作为一个男子汉对待，那是最好的路，为了孩子，也为了我。正如过去我妈妈经常听我倾诉一样，我也会听我孩子的故事，并做一个好的意见提供者。"

在以后的随访中，她说："在从内观中心回家的路上，我开始感到对孩子的爱，他自内观以后也有了巨大的改变，随着我催促他学习的声音的减少，他的学习笔记也在不断地改善。他在以后的学习生涯中有了一个积极的态度，他决心上军校。如果不是在那里做内观的几天，我们不会有今天的情况，内观蕴含着我与我孩子团结的真正意义。"

我再给你讲述一位母亲为了改善家庭关系领着她叛逆的儿子来做内观的事例。当完成了她的内观之后，她检查她与儿子的关系，对孩子说："认真地想想，我感觉到了你的抱怨或呼喊，'我是孤独的，我是孤独的'。你弟弟接受了我更多的关注，以至于他总是需要我的关心，结果，我不知不觉地忽视了你。做内观时，我意识到你是多么孤独，我非常内疚，让你持续了那么长时间的孤独。因为你有强烈的正义感，所以我确信你一定有很多担心的事情，尽管我知道努力去减轻孩子们的担心是父母亲责任的一部分，我却忽略了那种责任。我有时将你从床上拽起来，我们互相争吵，我对你不得不去遭受的事情感到非常抱歉。"通过做内观，她意识到了她对儿子的不理解、不关爱，一定是这些导致了他的孤独，那正是他反抗的原因。

作者按：一个孩子单独做内观有一些麻烦，家中的气氛不改变，问题还会回来，所以内观中心建议家长和孩子一起做内观。一般孩子做内观的最佳年龄段是初中，但内观是没有最大年龄限制的，即使是那些年过八旬、九旬的老人也可以做，只要他们有思考的能力。

3.父亲的内观

内观前我认为孩子不争气，学习差，给我脸上摸黑，是一个没有上进心、没有责任心的孩子。我为孩子的成长、成才付出了那么多，孩子还那么憎恶我，我失望之极。医生让我和妻子也做内观，我有点接受不了，我怀疑医生，要做内观的是我那不争气的儿子，而不是我。

然而，在做内观的过程中，许多被忘记的记忆进入了我的脑海，事实上我享受了它们，因为它们是令人幸福的回忆，沉浸于此，我相当愉快。我和妻子为两个孩子辛苦劳作，同时我们确认与孩子们度过了愉快的时光。我们一起旅游，而且在周末许多次地坚持徒步旅行；星期天我们与孩子们嬉戏，整个家庭在那个场面中都是微笑的。我开始意识到我比预想的更愉快，我的生活被从前的记忆充满了，达到了目前的状态。经考虑后呈现在我脑海中的是我们家庭成员总能在一起，我认为这是让我感到愉快的原因。所以，我情愿说，我们的两个儿子给我的不仅是一种具有生动价值的生活，而且还有生命本身。在我妻子和两个孩子中间，我没有承受任何挫折，生活得很愉快。内观期间，每时每刻都有一种喜悦的记忆在我的大脑中呈现，我对孩子们和妻子心存感激。

现在想到这些，我发觉我被心底的利己主义所俘获，我意识中唯一的事就是我如何升官发财，而且要求妻子和孩子的行为都要围绕着我制定的目标去做。我注意到这一点之后，我的思维方式有所改变。

我想我在内观之后多了一些耐心，我和妻子在内观之后有了变化，随着时间的推移我们较以前有了更多的交流。

以前，我们摆出自己的立场迅速交火，这使我感到非常不舒服，总在想我为什么要和她结婚呢。但我试着以平和的心态倾听她的话语，她不用喊叫、不用仔细挑选措辞，就可以把即使我不同意的观点表述完整，所以我们感觉很好。

当我用一种平静、谦虚的心境来思考，我就能看到接下来该干什么。

我意识到，如果我关注其他人多于关注自己，像关注我自己那样关注他们，当我关注每个人时开心多于惋惜，我的心变得清晰了，我对孩子的态度也在发生变化。

作者按：通过内观，他对生活的自我评价改变了，他意识到了他只是爱孩子的学习好，孩子听话、懂事就是他的孩子，如果孩子不听话就是给他脸上抹黑，是累赘，他不是无条件地爱孩子。通过内观，他也许找到了充满感情地教育孩子的激情。这位军官现在主动去关注他的儿子，他了解了他生活的真正意义，他品尝了宝贵的生活。

许多做内观的人，通常都是这种情况。他们改变了长期进行的自我设想而以一种实际的方式生活，这得归功于他们的内观体验。

有一些人固执地认为自己的不幸，全都是由于其他人曾经对他做过不好的事情所致的。明知舍弃这个既有的成见就能抓到幸福，可他们就是做不到。如果能抛弃这点，那今后不管幸福不幸福都是小问题。勇敢地跨出这一步，找到幸福，珍惜已经得到的东西，而不是去寻找自己没有得到的东西。

这个家庭中的每一个成员，都从其他成员那里得到了许多欢乐与爱，但是他们并没有意识到这一点，更无法珍惜。现在他们不约而同地认识到了这一点，我相信他们的生活会充满幸福。

（三）大学生母子的内观

男，大学在读，由于双向情感障碍辍学。就诊时病情已经在学校所在地精神病专科医院经治疗得到了很好的控制，找到我时要求调整药物剂量。母亲的目的是要找到具体得病的原因和预防复发的办法。我们要求孩子做内观，母亲强烈要求我们为她减轻孩子得病给她造成的痛苦，她说她已经到了崩溃的边缘，求我们救救她。于是我们给他们都做了内观治疗。

1.大学生的内观

对奶奶的内观

我两三岁时患湿疹、肺炎，奶奶带我去看病。小学一至三年级，我没为奶奶做什么，都是给奶奶添麻烦。我生病了奶奶带我去看病，每天给我换药，到处找医生，我觉得欠奶奶太多了。奶奶每天帮我穿衣服。小学四至六年级，那段时间奶奶每天送我上学，我从小没有叠过被子、洗过衣服，这些都是奶奶帮我做的。

奶奶什么都不让我做，说“你学习就是了”，也不让爸爸、妈妈和爷爷说我。我考试考得好，奶奶很高兴。高中阶段，奶奶每天早上早早起来给我做早餐、洗衣服、整理卧室。我没有帮奶奶做过任何事情。

对妈妈的内观

我上幼儿园时,每天都是妈妈做早点。后来妈妈做生意，把我放在了老家，我一年见不上妈妈几次，见到了也很陌生，几天后才会亲热起来，总是觉得妈妈没有奶奶亲，妈妈很厉害，对我要求很高，对弟弟妹妹比对我宽容。

每年到节日的时候，妈妈都要准备好吃的，家里的好吃的，妈妈都要给我留着，弟弟妹妹每次都说妈妈偏心我。

妈妈带我来这里看病，给我买东西（紧张)。我帮妈妈倒过水。我整天睡觉，没有帮妈妈做过任何事情。我努力学习让妈妈开心。我病了以后妈妈首先去学校接我，她很难过，看见我就哭了。我觉得给妈妈添的麻烦太多，我对不起妈妈。

对爸爸的内观

我对爸爸的印象一直是不在家，他对我不管不问，但给我买过玩具。

我小学时爸爸给我买了一个玩具手枪。我把音箱弄坏了，爸爸打了我，当时恨爸爸，现在仍然有一些恨。五年级以后，爸爸在西北做生意，我们联系很少，爸爸过年才回家。我给爸爸没做什么，只倒过开水。

我中午睡了会儿，再想起爸爸，对爸爸的印象是严厉、不亲切、脾气暴躁，现在也是这样，有点恨爸爸，程度有点减轻。我有一回在家里玩火，爸爸回来二话不说对我就是两巴掌。

对爷爷的内观

小学以前爷爷经常接送我上下学。我经常弄坏同学的玩具，让爷爷修。一次我把院子里一个小朋友的玩具人弄坏了，爷爷用糨糊粘好了之后，还给了人家。我觉得小时候很不懂事，给爷爷添了很多麻烦。

有一次爷爷为了给我买一本学习方面的书，跑了很多家书店，才给我买到。小时候我应该抽时间多陪陪他，我应该不惹爷爷生气，应该多听点话。我上了重点高中，爷爷很高兴。我把家里好吃的端过去给爷爷吃。

计算抚养费

抚养费二十六万，把自己吓了一大跳。父母费尽了心血才养活一大家子人。

总回顾

第一天我的感受是比较紧张，但也十分高兴。紧张的是对治疗的内容十分好奇，怕自己无法坚持，但一想到病能很快康复，心里就感到高兴。到了晚上，我感到特别困，没一会儿就睡着了。

第二天有点不耐烦，觉得自己快坚持不住了，心里十分无聊。但为了病好，自己硬是克制住了自己，坚持到了晚上。晚上我仍然觉得特别疲乏，很快就睡着了。

第三天慢慢适应了，我能很好地控制自己，并感到时间过得很快。到了晚上，我感觉也没前两天累了，自己在思考了以后，慢慢地睡着了。

第四天完全适应了治疗的生活，我对时间能很好地分配，而且不再感到无聊，我能跟大夫很好地交流，不再感到紧张了。

第五天我有点厌倦这种生活，并从中偷懒，偷偷地睡觉和说话，很快混完了这一天。

第六天很想回家，但对这些天的生活和朋友还是感到依依不舍。

刚来时，我认识了几位朋友，这时心里就很高兴。通过这些天的治疗，我的病不但好了许多，而且我重新找回了自信心，对未来充满了希望。而且自己的交流功底也提高了很多，不紧张了，对家人也有了新的看法。我真的很感谢大夫，是他们给予了我这一切。现在，就要离别了，我真的好难受，我有种说不出的感觉。今天，看着你们的背影，我感到恋恋不舍，舍不得你们，更舍不得我的那些内观朋友们。但人有悲欢离合，月有阴晴圆缺，天下没有不散的宴席，我真庆幸能认识这么多的朋友，但也讨厌离别的感觉。此时我百感交集，内心的千言万语，汇成一句话："我祝你们能生活得美好、幸福，我的朋友们！珍重！"

2.母亲的内观

对母亲的内观

小时候兄弟姐妹很多，妈妈非常辛苦，白天黑夜地操劳。妈妈不但勤劳，而且非常会计划，很少有时间休息。我的学习一直很好，在小学毕业后因家里负担太重，被迫辍学，妈妈非常伤心、难过，因为我的辍学，妈妈一直很内疚，觉得欠我很多。我16岁去学裁缝，17岁出师，就能挣钱补贴家用了，妈妈一直很偏心我，从来不责备我。我觉得自己一直是一个非常懂事的孩子，给妈妈做了很多。

后来结婚了，妈妈给我准备了很多陪嫁，我有孩子后，妈妈又给孩子准备了许多物品。妈妈总是觉得我不开心，一直为我担心。

对孩子的内观

我最对不起生病的这个儿子，我不应该忙着挣钱，不应该把孩子送给爷爷奶奶带，宠坏了。爷爷奶奶的教育使孩子和我不亲近，而且奶奶一直比较忧郁，这对孩子影响很大。如果自己带孩子，孩子现在肯定不会这样。(一直伤心地哭)

对丈夫的内观

我和丈夫是通过别人介绍认识的，双方都很满意，生了两个孩子后丈夫不想再要孩子，但是我坚持把第三个孩子生了下来，让丈夫很生气。丈夫一直很强势，也比较冷漠。在第三个孩子出生后，丈夫做了对不起我的事，让我很无助。当我求助婆婆时，婆婆并没有指责丈夫，而是说顺其自然，这让我很崩溃，一直不能释怀。后来公婆从老家回来和我们一起住，我对公婆一直是冷若冰霜。后来丈夫求我，让我对老人稍微热情一点，我也没有答应。

在内观中，当她想到这些事时，好像有点领悟。丈夫和她都在拼命地操持这个家，而彼此得不到对方的支持，都很累，都不开心。鉴于她与婆婆之间有一些隔阂，我们建议她做婆婆的内观，内观者的想法和我们不谋而合。她一直认为孩子现在的病，是由于婆婆太溺爱导致的。

对婆婆的内观

怀孕后婆婆对我比我母亲还好，婆婆也很勤快，帮助我带孩子，几个孩子都是婆婆帮助带大的，而我的大儿子一直让婆婆带到初中毕业。我觉得我没有感恩的心。我为了家庭，没办法自己带孩子，以至于孩子被奶奶宠坏了。孩子病了，婆婆非常难过，心疼的程度不亚于我自己。我设身处地地站在婆婆的立场上思考，其实婆婆非常不容易，为了维持这个家，她也尽了自己最大的努力。

内观后半年随访：

这位母亲来到医院给儿子取药，看起来气色不错，谈起内观后的感受，说自己有能力帮助儿子了，内观让她的生活彻底改变了，虽然周围的一切并没有变化。

变化包括：

（1）和家人的关系变了。婆婆作为一个女人，非常不容易。公公很强势，大男子主义。以前她常常抱怨婆婆不做饭，自己多累多晚回家都要给一家子做饭，现在她高兴地想方设法给家里人做可口的饭菜，与婆婆唠家常，婆婆很开心。与丈夫的关系明显改善，与丈夫的矛盾可以直接对话解决，不需要相互猜测，做到了坦诚相待。

（2）能正确对待目前的困难。内观后她想起孩子的病，也还是会难受，但变得比较坦然。她能面对现实，积极治疗了，难受一会儿就会过去，困难对她的影响明显小了，她能乐观地活着了。

（3）比以前开心快乐。她的母亲说看见女儿开心比女儿给她买什么都让她高兴。她在母亲节给母亲打电话，母亲听出来她的心情发生变化后说了许多话："我终于放下心了，你在别人眼里一直是兄弟姐妹中过得最好的，家庭条件比他们几个都好。但是，你一直不开心，我想起来就难受，后悔没让你上完学，经常给你哥哥说起，你哥哥也为你难受。你现在开心起来了，我可以放心了。你哥哥前些日子也说你变了，他也很开心。"听了母亲的话，她感到从来没有过的轻松。现在她和周围人的关系变得和谐亲密了，与楼上楼下的邻居也经常打招呼，还和一起做生意的朋友开玩笑，这些都是以前从来没有过的。她还给自己买了一些新衣服，闲暇时间和朋友出去娱乐，朋友们都说她变了，和她在一起很开心，愿意和她在一起，她的朋友也变多了。

第四章　活出生命的意义

一、再生障碍性贫血患者的网络内观日志

女，22岁，学生。2009年2月，脸上出现小红点。2009年4月28日，到某大医院进行住院治疗，确诊为再生障碍性贫血和皮肤型狼疮。常规的药物治疗，激素和丙球冲击，刚开始效果确实不错，但9月15日复发了，再次住进更权威的医院。2010年1月9日，血象特别差，血色素当时只有55 g/L，血小板15×10^9/L。10月14日，腿疼得已经没法走路了。12月17日，核磁显示双侧股骨头坏死，医院宣布药物治疗无效。2011年1月6日，痛苦挣扎绝望一个月之后，最终选择干细胞移植。2011年1月26日、3月9日、5月18日分别进行了三次干细胞移植。她说："这一刻我才发现我贫瘠得一无所有，因为没有了健康一切都毫无意义。"

和这位女学生的认识算是缘分。一天下午，我出门诊，来了一位自述失眠的中年妇女，当我问及其失眠原因时，她说失眠开始于她的女儿病了以后。她的女儿得了多种顽疾，生命令人担忧。她忧心如焚，开始失眠。

第二天再出门诊时，一位拄着双拐的少女站在门口，我心里咯噔一下：会不会是那个女儿？招呼她坐下以后，她说昨天她妈妈来看失眠，回去后告诉她有个医生可能对她会有帮助，今天她来试试。我问她有什么需要帮助的，她说病成这样子，自杀过好几次，主要是觉得自己活得太累，没意义，给家里人的精神上、经济上也增添了沉重的负担。我给她介绍内观疗法，但她说今天已经办了出院手续才来找我的，要马上回家，家在外省，没有时间做。我们约定在家做，我给她发了内观的介绍、内观操作的PPT，通过QQ聊天指导她的内观。她做内观的最好的条件是，由于疾病，回家后白天一个人在家，而且时间很充足。

我们约好了每天下午我下班后在网上交流今天的内观情况，并指导她第二天的内观内容。下面是她的内观日志：

何老师，我把PPT仔细看了两遍，似乎明白了，我决定从今晚躺在床上开始慢慢试验，然后把每天的内观体验记录在博客上，也会通过QQ告诉你。

5月27日

今天开始做内观。中午腾出了一大段时间把我关在卧室里，躺在那想我记忆里最早的画面和我最亲近的人。记得最早的一个画面是那个时候妈妈把我带到了她单位，爸爸妈妈的单位离得很远，他们一周才能见一次。姑姑来我家帮忙照顾我，姑姑当时只有十几岁，是爸爸唯一的妹妹，人长得比较漂亮。她不愿意上学就早早地待在家里无所事事，不过我很喜欢她。我就记得我坐在床上，她对着墙打乒乓球给我看，当时我还不会说话，但仍然把我高兴得手舞足蹈的。

第二个画面是我们住的院子里有一天下午来了一个骨瘦如柴的老头，他是一个捡垃圾的，当时我还特别小，看见他就吓哭了。不知道这个记忆有什么意义？

第三个画面是我小时候是妈妈带我，后来稍微大一点就跟爷爷奶奶和姑姑生活在乡下一直到上学。老家前后都盖了房，中间有很大的院子，奶奶是特别爱干净的人，所以那样的乡下院落对我来说是一个很美很美的地方。院子中间奶奶弄了一个花园，里面开着各种漂亮的花。我就记得我坐在院子中间那个老石凳上，太阳暖暖地照着，我的心情好像还挺平和愉快的，我觉得这个画面特别美好。就这样想着想着我就睡着了。今天的内观应该不算成功吧？我记得PPT上讲内观的内容是对和我有密切关系的人和事做三方面的情况回顾，人家为我做的、我为人家做的、我给他人增加烦恼的，我感觉我今天的回忆不是这样的。昨天我觉得我看懂了，但到做的时候我还是很迷茫。

5月28日

吸取昨天的教训，今天先睡午觉再做内观。

好像到上学的年龄了，我就记得我在幼儿园里每天玩啊耍啊。有一次过“六一”，我们发了新裙子，很漂亮的花丝边。那次小合唱里本来我是主唱，但是到临场的时候老师把话筒从我手里拿走给了我右边的一个小朋友，我当时有点小失落。学前班的事情记得不是很清楚了，我记得我每天晚上都不写作业，都是告诉妈妈老师没留作业，其实老师留了的，但我要是写妈妈肯定要检查，有错的地方她就会说我甚至打我，所以我宁愿第二天到学校被老师打小手也不愿意写作业。这段日子还挺漫长的，我当时可怜的小手啊。那一阵我好像特别爱吃一种黑芝麻饼干，爸爸就总是给我一大盒一大盒地买，从来都没有断过，直到我不喜欢吃了，我觉得爸爸真好。

5月29日

今天大奶奶一直在我们家，妹妹又用电脑，加之自己懒惰，所以内观暂停一天。

5月30日

今天继续做内观，想着想着就到小学了。一年级时，我因为被诊断出骨髓增生异常综合征，所以对于学校只有两个星期的记忆，接下来就是医院。在医院住院的日子里，做骨穿那次我是哭闹着被推进骨穿室的，然后就被全麻了，醒来的时候我躺在病房里，爸爸妈妈在旁边陪着我，妈妈给我剥了一个香蕉，我当时觉得住院还挺美的，可以吃香蕉。接下来就是我喝了整整一年的中药，每天三杯浓缩的中药汤，虽然苦，但是不用上学，我又不知道我生病了，所以日子还是蛮快乐的。但因为太苦了，我偷偷地倒过几次药，有一次被妈妈发现了，她把我打了一顿，让我站在院里，还是邻居阿姨把我哄回去的。从二年级到六年级，我就慢慢地基本上正常了，病也好了。这期间我好像没有为爸爸妈妈做过什么，也记不起爸爸妈妈为我做了什么。三年级的时候，就有了妹妹，从此家里的重点就是妹妹，虽然她抢走了很多爸爸妈妈对我的爱，可是我也很爱她，到现在都是，很多亲戚都说还没见过像我们姐妹俩这么一天天黏糊的。有一次，妹妹说我是她最爱的人，呵呵，蛮开心的。四年级的时候，我学骑自行车，是妈妈一直帮我扶车子的。五年级的时候，院子里的小朋友都学溜冰，爸爸也给我买了溜冰鞋。六年级，我没什么记忆了。

QQ指导:

How(我的QQ昵称):只能回忆与妈妈的关系,妹妹以后再说。这两天对往事的回忆,你自己有什么感觉,写下来。

她:哦,行,那我就只回忆和妈妈的关系,我给你发的就是我写下来的。

How:你这两天做的感受?

她:好像没什么特别的感受,我没做过对不起他们的事,除了感受到了他们爱我。

How:累不累?急不急?烦不烦?思想抛锚了没有?

她:反正每次时间不能太长,像第一天我想着想着就睡着了,不急不烦。

How:哪里不舒服,也写下来。

她:好的。

How:想想妈妈年轻时的样子,身上的味道。

她:还有这些啊!那我下次重新想一想。

How:通过这些细节把记忆全部打开。

5月31日

昨天何主任提醒我只做和妈妈有关的内观。

对于妈妈,最早的一个印象是有一次她洗头,那个时候她还是烫着的长头发,我在旁边看,觉得妈妈特别好看。再稍微大点对妈妈就没有什么特别的印象了。小学的时候,妈妈对我的学习要求很严格,每天晚上都要检查我的作业,一旦错得比较多,她就会打我或者骂我。有一次她又打我,我就跑了,她在后边追,我肯定跑不过她,就被她一下子拽着胳膊放倒在了院子里,后脑勺磕到了一个小石头上,很长时间都鼓着一个包。所以,我一直很害怕她。初中的时候,她不检查我的作业了,但每次考完试后还是少不了责骂我一顿。

初二第二学期的英语我只考了六十多分,妈妈就说了一句"你爸一天天给你把复读机买上,你就考这么点",我当时心里就想要是不买考得比这还少。我从小到大,学习成绩一直处于中上游,比起妈妈当年的拔尖是差远了。直到高三那年,我心想要是再不好好学习就得补习了,得在家里多待一年，所以我就想着早早离开妈妈，那一年我特别努力，最终也以比较高的分数上了一个很不错的一本大学。高考带给妈妈的快乐大概一直持续到我生病，那两年我觉得她去外婆家说话都是有理气强的（和我一样大的舅舅的孩子同年没考上，补习一年还是没考上）。从初二开始，我对妈妈的打骂开始了反抗，她说我我会顶嘴，她打我我会闪或者挡，最严重的是高一有一次她扇了我一耳光，我当时也不知道怎么的就扇了她一耳光。我承认无论如何我也不该打她，然后她就让我滚出这个家，我那天晚上就在外面流浪了一晚上，这是我第一次主动与被动都有的离家出走。

后来为了缓和气氛，高二那年，妈妈过生日，我从早点钱里攒了二十块钱，偷偷给她买了一双手套。但我感觉这双手套并没有给我们的关系带来多少帮助，责骂与反抗依然时不时地会发生。我以为高考前她是嫌我不争气所以老打骂我，可是大学那两年我每次回家她依然会责骂我，这个时候我觉得我像是她在外人面前的炫耀品，而她对我又不能做到完全控制，所以她害怕终究会失去我这个炫耀品吧。大二的时候她就开始劝我准备考研，我当时脑子里根本就没想考研的事，我的专业是信息安全，属于技术性比较强的专业，所以专业考证比考研会更吃香，她为这个没少说我。我刚生病时她也是老说我，说我把家里拖累了，所以我心里的愧疚感一直比较强。但是时间长了，我也很烦，而且作为一个病人本来就被病情烦扰得不行了，再后来就是吵。她说过最让我伤心的话就是“你咋不去死”，也许是气话吧，但是她不止一次地这样说，我心里还是很不得劲。

最终在2010年12月医院宣布药物治疗对我无效时，我产生了放弃生命的念头，妈妈说她特别理解我，那段时间她和我说了好多好多，有一个观点对我影响很深，就是如果活不好还不如死了好。经过一个多月的反复思考，我第一次自杀是在12月31日晚上，我喝了一把地西泮，但第二天只是醒来得比较晚，别的还是一切正常。第二次是2011年1月5日离家出走，当时我身上一共带了将近七千块钱，我想着这辈子还没有坐过飞机，打算坐飞机到三亚，等逛得差不多，没钱了的时候就跳海。可能是天意吧，两次都没有成功。我为妈妈做的，好像一直没有做什么特别的事，只是一直怕她，所以一直都在尽量逃避。

何老师说我要想妈妈的样子、妈妈身上的味道。妈妈很多年以来都是那种精干的短发；妈妈的味道，没有味道。有一点我挺奇怪的，我不喜欢妈妈抚摸我。有时候我在想，正常情况下人与人关系的亲密程度和身体的接触程度是不是成正比呢？我很少拥抱别人，在我看来拥抱是目前我能接受的特别亲密的动作了。我拥抱过的人我都记得清（奶奶、爸爸、妹妹、何主任）。昨天晚上，妈妈抚摸我的胳膊了，我就觉得很不舒服，不让她碰。这种感觉已经持续很多年了，我改不了。在我心里，妈妈其实是一个典型的刀子嘴豆腐心的人。写了这么多，其实我觉得我心里还是很爱妈妈的。她对我好的时候，好得不得了；她对我凶的时候，凶得不得了。现在我的政策就是，她对我好，我就对她好，她说我我照样反抗。现在我和妈妈的这种关系家里人都习惯了，所以我也习惯了。

QQ指导：

How：嗨！怎样？

她：昨天晚上又想了很多关于妈妈的，总的感觉，妈妈是一个典型的刀子嘴豆腐心的人。

How：今天开始，回想你从记事起到小学毕业的三个主题，早上只能做“妈妈为我做的”，下午做“我为妈妈做的”，晚上做“我妈妈添的麻烦”，三个题目分配的时间要一样多。

她：好的，我记下来了。

How：真乖。

她：我信任的人，我都很听他的话。

How：啊哈哈哈哈。

6月3日

何主任要求我在上午、下午、晚上分别用同样的时间思考，从记事到小学毕业，妈妈为我做的、我为妈妈做的、我给妈妈添的麻烦。

我想了又想，觉得我和妈妈之间并没有什么特别的事，都是普通的别的家庭都会发生的事。妈妈关心我的吃喝拉撒，关心我的学习，我只是乖乖地成长，我没有闯过祸，也没有惹过额外的麻烦。只是一个平淡、平凡，甚至平庸的孩子的正常成长过程而已。五岁那年我生病算麻烦吗？但我也不是故意要生病的，这个由不得我，应该不算吧。貌似这次内观又失败了。

QQ指导：

How：“五岁那年我生病算麻烦吗？但我也不是故意要生病的，这个由不得我，应该不算吧。”这句话有意思。你在妈妈肚子里也懂事吗？你一生下来就懂事，五岁前没有生过病？妈妈做的就是一日三餐，但是没少过一顿，除了妈妈哪一个人能一如既往地给你做20年饭，你给谁这样做过？

她：我如果做了母亲也会是这样子的吧！我要怎么做呢？写下生活的点点滴滴？

我在上学前一直和爷爷奶奶生活在一起。

好吧，那我重新想。

How：网络上有一本书，石井光教授写的书《七天改变一生》，好好看看，然后再做。

她：好的，我找一下。谢谢。

何老师，我妹妹要用电脑，我得下了，我抽时间先仔细看一下《七天改变一生》。

6月5日

从记事到小学毕业：

一、妈妈为我做的事

1.上幼儿园的时候，我不愿意上学，我一离开妈妈就哭，所以最开始的时候，妈妈陪读了三天。

2.每次过生日，妈妈都会给我买蛋糕，有时候小有时候大，包装特别好看，我感觉甜甜的。

3.小时候我比较胆小，有一次听见警笛声，就被吓哭了。妈妈就把我搂在她怀里，哄着我。

4.妈妈比较擅长折纸，尤其喜欢折宝塔，她就细心地教我折宝塔。

5.学前班的时候我作业特别多还比较无聊，都是那种一个生字抄十遍之类的，我每天晚上都瞌睡得早，妈妈就替我写作业。

6.我小时候身体不好，所以那几年妈妈会定期带我去她们医院体检。

7.还是因为胆小，我学骑自行车也比别人花的时间多，妈妈就每天下午给我扶车子。

二、我为妈妈做的事

因为我爱玩水，所以就很喜欢洗衣服，我的衣服不够洗，就洗我们全家的衣服，这其中当然包括妈妈的衣服了。

三、给妈妈添的麻烦

1.小学三年级的时候，我有一次和一个高中女生吵架，被那女生打了。那女生的班主任和爸爸是同事，就带着那女生来我家道歉，具体细节我记不住了，总之，感觉那次是我闯祸了。

2.上小学的时候，院子里的我们都淘气，一天天净想着怎么折腾，有时候就几个人去偷玉米偷苹果，经常被玉米和苹果的主人赶着追着，这种事我也老让妈妈操心了。

我想了很久，写了一些具有代表性的事情，但明显地发现妈妈为我做的远远超过了我为妈妈做的，我心里突然觉得我那么多年怎么只求回报没有付出呢，感觉挺不美的。我又想着小孩子都这样，谁一出生就明白这些事啊，以为这个理由可以抚平我心理上的波澜，但发现这个理由并不够充分。

QQ指导：

她：何老师，在医院那天你跟我说了一句话，我原话没记住，意思就是只注重现在的行动而不要去想结果。当时就觉得那句话说得挺好的，我想问一下，那句话原话是怎么说的？

How：带着症状以该做的事为目的去行动。

她：学前班的时候我作业特别多还比较无聊，都是那种一个生字抄十遍，我每天晚上都瞌睡得早，妈妈就替我写作业。不是每个妈妈都能做到的。

How：你做得很好。无论任何情况下，只有真爱才能战胜一切困难，生命一开始孕育就注定了有结束的一天，只是时间问题，但是你如果没有体会到真爱就完成了生命的过程，就很遗憾。希望你继续内观。

6月9日

初中三年的内观：

一、妈妈为我做的事

1.初一的时候我不小心被妹妹传染上了水痘，当时浑身都起那种小水泡，痒，特别难受，请了一周假。妈妈也请了一周假在家里照顾我们姐妹俩。

2.初二的时候学校组织拉练，一天之内我们徒步行走了30公里路。妈妈给我准备了一书包的好吃的，其中有我当时最爱吃的巧克力味的小面包。开始我还觉得太多了，等到了路上，我们才发现一路上连个商店饭店什么的都没有，我带的吃的才走到一半就被我们同学抢光了。最后我就是靠着两瓶水走完了剩下的一半路。

3.初二第二学期，刚开学的第一周周五，我第一次来例假。当时我也说不出是什么心情，怪怪的。那两天妈妈就集中给我讲了许多女性的生理卫生知识，而且对我的问题基本上是有问必答的。

二、我为妈妈做的事

这三年我没有做过饭、没有洗过衣服，每天除了上学，回家就是照顾妹妹，照顾她的吃喝拉撒、给她洗澡、带着她玩、接她放学、带着她写作业。按妹妹的话说她就记得她的童年每天都是我陪着她。照顾妹妹算是我唯一帮妈妈做的事情了。

三、给妈妈添的麻烦

1.升初二的时候我闹转学。初一的班主任和我们是住在一个院子里的，而且当时我的成绩是全校第一，所以她很不情愿我转走。在我的坚持下，我转到了局初中，导致那个阿姨（后来一直管初一班主任叫阿姨）和我们家关系不是很好，这件事给妈妈带来了一些困扰。

2.初二第一学期的冬天，有一天晚上我们学校一个初一的男生在放学回家的路上出了车祸，当场死亡。从第二天开始学校宣布我们不用上晚自习了，我们都很高兴，我回家就说我们很庆幸那个同学的死给我们带来了不用上晚自习的好结果，当时妈妈就生气了，把我批评了半天。那一次我也发现了我对生命的漠然，当初真的很不应该那样想。

QQ指导:

她：我感觉我回家这周有你每天布置的任务，时间都过得快了，心情也挺好的。”

How：人活一口气嘛，心情很重要。

她：恩，明白。

6月10日

高中内观日记：

一、妈妈为我做的事

1.高一暑假只有我和堂姐两个人住在我们家，我就是在这个暑假开始学习做饭的。最开始的时候妈妈很仔细地教我怎么切菜、怎么用刀等等。其中有一天妈妈尝了我和堂姐做的饭，说我俩做的饭很好吃，也就是这一句夸奖让我喜欢上了做饭。

2.进入准高三的第一天晚上，妈妈把我叫到房间谈话了，大意是以我当时的成绩只能上一个普通的二本，她希望我认清形势努力上重点大学。这次谈话后我开始为我的未来特别努力地奋斗，整整一年心无旁骛，为了一个目标坚持了下来，最终的成绩我也很满意。

3.高三我们是20:40下晚自习，只要我回到家，妈妈就把电视关了，即使是她特别喜欢的节目也不看，怕影响我学习。

4.高中整整三年，妈妈为我洗衣做饭，这三年我很少干家务。

5.高考那两天，妈妈专门请假在家照顾我的饮食起居。

6.在填报志愿的阴差阳错下，我被现在的大学录取了，而以我的成绩在本省除了超一流的大学不能报，别的大学都可以录取。我被大学录取后，妈妈还时不时地自责，她说当初应该让我填报更好的大学。对于大学，我倒不觉得遗憾，因为在我上大学的日子里我过得很快乐。

二、我为妈妈做的事

1.高二的时候为了缓和我和妈妈的关系，我给妈妈买了一双手套作为生日礼物。

2.高三晚上我发现我每天下晚自习回家后妈妈就不看电视了，我就下晚自习后先不回家，在教室里待到九点二十左右再回家，等到我回家妈妈爱着的电视节目也基本上就结束了。

三、给妈妈添的麻烦

高一的时候有一次和妈妈吵架，因为被妈妈打了一耳光而离家出走，整晚都没有回家也没有给妈妈打电话，让妈妈担心了。

6月11日

大学内观日记：

一、妈妈为我做的事

1. 大一报到那天，是全家人送我去的。妈妈一直看着给我把一切都弄好了。

2. 我基本上每周六晚上都会给家里打电话，有时候忙顾不上，妈妈就会把电话打过来，还会问我钱够不够。

3. 每次回家妈妈都会给我做好多好吃的。

二、我为妈妈做的事

1. 我给家里打电话的时候从来都是报喜不报忧，怕他们担心。

2. 2007年冬天雪灾，当时高速封了，火车票也很难买到，舍友说要不我们寒假就不回家了，大家一起租个房子住下来。我想着妈妈肯定是盼我回去的，我就在一天晚上去火车站排了很长时间的队终于买到了几天之后回家的票，还是站票。

三、给妈妈添的麻烦

2008年“五一”回家，当时我们连运动会一共放了一周假，我在家只待了三天就要走，当时妈妈说什么我都没有留下，我心里只想着到了学校还能逛几天。2008年奥运会的时候，我和妈妈、妹妹去北京玩了几天。但就在这几天，我和妈妈总吵架，弄得大家心情都不是太好，玩得也不开心。

想起以前的种种，曾经的我怎么那么傻、那么讨厌、那么幼稚、那么二呢？现在回想起以前，我不光对妈妈，对很多人、很多事的处理方式都很不妥当，而且极度感性缺乏理智。不知道是我成熟了还是当初确实很幼稚，也许以后的我回想起现在的我也会像现在的我嘲笑以前的我一样，这大概就是成长吧。

内观的感受：我感觉自己心静了一些。原以为这些尘封在记忆里的事情我永远地忘记了，后来发现我还是记得的。虽然那时候的日子平淡如水，但还是发生了很多事情。过去的种种经历都是财富，不然我们逝去的时光又有什么意义呢?

今天看到了一句话，“Let your past make you better，not bitter”，让你的过去使你变得更美好，而不是更痛苦。所以我感谢上天让我在这二十几年来经历的一切，何老师，你听过阿宝的《老爸老妈》那首歌吗?我最近觉得挺好听的，也是做内观期间突然间觉得很好听的。我现在感觉疾病给我带来了很多东西，有了原本没有想到过的生活轨迹，认识了几乎从没有想到过的人，也接触了以前只能在报道中见到的事情，我觉得这一种生活也挺丰富多彩的，我觉得生活挺美好的，呵呵。

六个月随访：“我昨天还给我一朋友说，这半年的愉快生活全是拜你们所赐。”

两年随访：躯体疾病稳定，没有恶化的倾向。已经临床康复，找到工作上班了。去年交了一个男友，谈崩了，情绪稳定且阳光。

10年随访：已经结婚，生子，工作稳定。

作者按：快乐来源于自己的设定。

在日本我听过这样一个故事：有这样一个村子，在村子的西边住着当地最智慧的老人，没有什么问题能难倒他。村里面住着一个无赖，有一天无赖召集了一帮小伙子无事生非，想捉弄一下老人。他们捉住了一只小鸟，无赖给他的同伙说，我把鸟藏在手里去问老人：“你不是最智慧的老人吗，我现在手里有一只鸟，你猜猜鸟是活的还是死的?”如果他回答“活的”，我用点劲将鸟捏死，如果他回答“死的”，我就将手松开让鸟活着，这次无论他怎么回答都是错的。于是，他们闯进了这位老人的家，无赖问老人：“我手里有一只鸟，你猜鸟是活的还是死的。”这位智慧的老人微笑着回答：“答案掌握在你的手中。”

的确，只要我们活着，就不得不面对各种各样的困境和艰难。在三岁撒娇的年龄就得早起去上幼儿园，睡漫长的午觉；正式上学时经常又会因为学习不好而受到老师和家长的责罚；或因为失去朋友而伤感；脾气暴躁的父母因为一些无关紧要的事而斥责我们；等等。

我们从大学毕业就面临着失业，好不容易才找到了工作，又会因为资历太浅或看不懂人情世故而倍感痛苦，我们对自己与同事、自己与上司之间的关系感到担忧。当我们的工作变得得心应手时，疾病却开始找上门来了。

所以，我们必须承认，生活永远无法摆脱烦恼。我们通常倾向于从我们熟知的人、书报、网络中去寻找生命问题的答案，但是事实上，就像上面故事中那位智慧的老人所说的，我们想了解的问题的答案也许就在我们自己的手中。

那个答案就是我们的态度。著名的意义疗法大师维克多·弗兰克尔在纳粹集中营面对毒气室时说出了他的经典名言："人们在任何特殊的环境下，还有最后的一种自由，那就是选择你的态度的自由。"

现实无法改变，我们能够做的是用自己积极的态度来面对生活。如果我们每天能开心快乐地过日子，我们的生活品质就会提高。无论我们挣到多少钱，取得多大的成就，最终是为了让生活更开心更快乐。为什么？因为开心快乐是我们每一个人的需求。

如果你对以后的生活有所期待，那你的收获一定会很大，一个人有期待时，往往就会得到他想要的结果。如果你真的想要那个结果，你真的真的很想要那个结果，那你的期望就有可能会实现。

心理学中有这样的一个测验：给每一个测试者发一枚硬币，然后问他们："有多少人认为自己是幸运的，请举手！"举完手，请他们许愿，然后告诉他们："把你喜欢的硬币的一面设定为幸运面，另一面的含义由你自己设定，然后抛硬币，抛六次，告诉我结果。"最后询问他们："多少人觉得自己是幸运的，请举手！有多少人觉得自己是不幸的，请举手！""有多少人认为自己很普通，请举手！""那么，你抛硬币的结果和你预期的结果一致的请举手！不一致的请举手！"最后，得到了大家的答案之后，再去提示他们："不一致的就代表你不幸运吗？我刚才说了，把你喜欢的面设定为幸运面，我说另一面由你自己设定，你为什么不把另一面设定成更幸运的一面呢？你幸运不幸运不是硬币的正反面决定的，而是你的想法让你拿到了你不想要的结果。"

在我们的传统世界里，人们往往会说"我有两个消息要告诉你们，一个是好消息，另一个是坏消息。"那我们可不可以这样说："一个是好消息，另一个是更好的消息。"这样，就只有比现在更好，没有不好了。

当我们改变说法、观念和思想，很多事情的结果就在你的把握之中了。

所以快乐不快乐，也不取决于硬币的正反面，而在于你是怎么设定的、你是怎么想的。这对你来说才是真正的意义：我是如何想的、我的感受怎么样。环境给一个人带来的影响是很小的，真正决定你一生能否成功、快乐的，正是你自己的设定。

我们这个案例的主人公，什么都没有改变，只是改变了她生活的态度，病魔就放开了她，爱神也降临到了她的面前。

二、脊髓灰质炎患者的内观

我的一位生病导致腿有残疾的朋友有一次问我："你搞的那个内观主要是要干什么？"我一下语塞，思考了一会回答道："内观能让你摆脱心灵的羁绊，快乐起来。"她说这个我不做内观也能做到。

我问她怎么做到的，她给我讲了一个自己的故事。

她去年外出学习，天气很热，腿又不方便，情绪很烦躁，身体哪里都不舒服。培训的任务很重，她就开始怨老公、怨自己，觉得自己不应该来培训。那个城市是全国四大火炉之一，自己兰州的家多凉快呀！他们所在的培训部在老校区，师生不多，但是在校园里她发现了五个跛行的人，一看见他们就觉得更累了。她很奇怪，想这所学校是不是对身体条件要求不高，怎么这么多残疾人？当她把她的发现告诉了她的同桌后，同桌说："我只发现了一个，你怎么发现了五个。"

她满腹狐疑，心想这真是一个问题。开始想："为什么任何一个腿脚不方便的人都逃不过我的眼睛呢？他们只是和我一样走起路来吃力一点，这和我又有什么关系呢？我和别人一样的地方很多，比如：我三十岁，满大街都是三十岁的女人，我却很少关注；我发型虽然很特别，但是和我一样的也不少，我怎么能做到熟视无睹？"想啊想，有一天她终于想清楚了。这正是因为在她的内心深处，关注自己的这一点残疾胜过一切，但又没办法只能接受。

她不禁想起了法国哲学家阿兰说过的一句话："对于忧郁者我只有一句话，向远处看。"意思是说别老盯着自己，对自己关注得越多，"问题"也越多。要静观万物，让思想旅行、心绪游观，使思想与生命同时取得协调。

于是她决定试着向远处看，关注幸福，寻找乐子。果然，她发现校园里到处都是让人爽心悦目的风景，永远也看不完。一大早分送垃圾箱的清洁工，他们推着垃圾箱的脚步很快、很随意，他们的身材都很健美，一个一个地看过去，没有一个需要减肥的，相信他们的睡眠一定也很好。女人从不化妆，虽然脸上写满沧桑但却很健康。离宿舍最近的食品摊点上，那个加鸡蛋的姑娘总是很忙，一看见你来买，她总是要挑一个腌得比较透的鸡蛋，很娴熟地将蛋皮敲碎，手不碰鸡蛋里面就能把蛋皮剥下来，然后用勺子将鸡蛋放在切开一个口的小饼子里，再用勺子很认真地在饼子里将鸡蛋切碎。还有课堂上年轻的口语女老师，面对比她大十几甚至二十岁的学生，技穷时无奈的表情。午睡时，学生们持续不断的说笑声，此起彼伏的蝉声。

超强度的训练环境压倒了同学们之间的差异，拉近了他们的距离，同学们之间相互牵挂的那种感觉，轻轻一想，让人内心温暖。培训结束后，同学们又聚餐了一次。大家给她打电话，都争先恐后地要和她通话。听着电话那边他们的声音，他们说什么并不重要，重要的是那一刻她在体会感动、幸福。她说通过这次培训，她意外地收获到了自己寻找乐子的办法。

她说完后，问我："你的内观是不是让人这样思考，快乐地生活?"

我愕然……

是啊！这就是内观。

我不得不佩服这位朋友超常的悟性和敏锐的自我洞察能力。

有一位内观体验后的有强迫倾向的国家公职人员，两年后来找我，和我详细地谈了内观是怎样让他去掉"我执"的，他现在真正悟到了"空"的意义。他给我分享了他的内观感想：

> 在体验内观后，我真正认识到了自我的"执着"给自己和家人带来的麻烦。从得到的那里找快乐，而不是从失去的东西中找痛苦，是内观的精髓。佛印说："心里有什么，眼里就有什么。"
>
> 9月底出差，意外地碰见了大学时同宿舍的老同学。晚上同住一室，不期然房间里竟有一个蛐蛐。老同学很郁闷，我却认为太好了，与同窗好友对床而卧，畅叙友谊，有蛐蛐伴奏，这不是很好吗？这可不是经常能够遇到的，也不是可以复制的环境。我身处其中，自得其乐。
>
> 不禁想起三毛说过的话："每周山居日子断粮数日，神志清明，下

山回家母亲看不出来，不亦乐乎!”“回家翻储藏室，见童年时玻璃动物玩具满满一群安然无恙，省视自己已过中年，而手脚俱全，不亦乐乎!”

我们要学习三毛去珍惜生活中所拥有的平常快乐，达观知足。

如果，三毛是由于自己的物质生活已经达到了一定高度的一种思想升华；那么我们的大思想家孔子最喜爱的弟子颜回，他的“一箪食，一瓢饮，在陋巷，人不堪甚忧，回也不改其乐”，就是在人们都忧愁生计的环境中，保持了乐观的生活态度。

要寻求每一天的充实，而且要意识到世上很少有永恒。因为我们是在每一天的过程中生活，每一天都不幸福，就等于整个生命都不幸福。大学生谈恋爱，每天都在信誓旦旦地说会爱你一辈子，但是，据统计，最后有90%的人都分手了，剩下的最后结婚了的还有一半会离婚。但是，他们在信誓旦旦地说会爱你一辈子的当时确实是真心地爱着的，当时的感觉就是爱得恨不能一生一世。明天也许会分手，那又怎么样呢?至少在那一刻很充实，很幸福。

初来兰州，我很不喜欢，主要是空气不好，又不下雨，兰州不像我的故乡，雨水很充沛。有个周末，午觉睡得格外香甜，雨点突然打在屋外的梧桐树叶上，滴滴答答、窸窸窣窣，我躺在床上聆听梧桐更兼细雨，觉得活着真好。而李清照却说：“这次第，怎一个愁字了得!”所以，她只能抑郁而死。

心在天堂，生活的感觉就在天堂，心在地狱，生活的感觉就在地狱。这就是我的内观感受。

第五章　失败案例

如果说我们做内观就可以解决所有心理问题，那是不真实的。人的心理问题不是那么简单地用一种方法就能完全解决的，所以，内观对所有的问题都有用的看法是不切合实际的。我们见到过许多做了一个礼拜的内观，但仍然不能加深对自己和他人行为的理解的案例。还有些内观者，内观对他们个人行为的提升是暂时的。也有一些内观者无法坚持一个礼拜，中途停止。下面就来举例说明一些失败的案例。

一、无法坚持完成内观

一位酒依赖患者，男性，37岁。他来做内观，是希望内观帮助他戒酒。他来到内观室，由于隔离了外界刺激而非常着急，经常走出治疗室。由于他不能忍受寂寞，意志薄弱，动力不足，第二天，只能结束内观回家。

一位强迫思维的患者，男性，17岁，服药效果不好。做内观时，他也无法停止强迫思维，不能进行内观治疗，三小时后就离开了治疗室。

一位男性职员，41岁。他是为了自我完善来做内观的。他与我们的一位咨询师建立了良好的关系，但内观进行到第五天时，由于我们的那位咨询师出差，他也借故离开了。很遗憾，这位先生是由于对咨询师的依赖，才没有完成内观。

一位护士，人际关系僵化，来做内观。但是她强烈地认为，同事都对她不好，她是人际关系的受害者，她认为内观是限制自身的强制形式，所以她虽然想改变现状，但是无法进入内观，两天后离开。

二、离家出走的中学生

男性，16岁。无法与父母相处，出现夜不归宿等极端行为，由父母劝说来做内观，半天后就要求回家。我们同意他回家，但要求他写下自己的感受。

时间的车轮碾过记忆的碎片，封存的往事又被重启，思绪漂浮，一些人、一些事明朗起来了。我要讲讲我的家庭、我的过去……

回忆，有些感动，更多的是伤痛。

我在一所很不错的学校学习，我和父亲母亲一直生活在一起，父母都是很普通的人，我们一起过着平凡的生活。唯一不同的是：平静生活背后隐藏着我和父母间复杂多变的关系，随着年龄的增长，这种不和谐的关系（也可以说是代沟）也越来越严重。这还不是像别人想象的那种所谓“青春期的叛逆”、个性、顶撞父母那么简单。甚至可以这么说，我在和父母发生冲突，特别是很严重的时候，我甚至有一种杀了他们的想法。

这种在外人看来荒谬的想法，在我看来却很正常，因为我知道当时如果我不反抗，我可能会被这种高压活活折磨死。以暴制暴的环境下我甚至把杀人步骤细化到了每一步，但是无数次这样的想法最终还是被我的理智所冲散。因为我的内心还是多少对未来抱有希望的，我还是一个多少有点梦想的人，我不会傻到自己毁了自己，而我只会以我强硬的手段去对抗一切压在我身上的多余负担。以暴制暴、以暴抗暴，用自己的能力撑出一片自己赖以生存的空间。也许会有人说“你的想法真变态，你是个精神病”之类的话，但是如果你到我们家来，换作是你的话，你能忍受一天三顿打、五顿骂和说教吗？甚至还限制你的自由，不让你和别人有任何娱乐活动方面的接触；更要保护好你的私人物品，尤其是信件、日记和书籍，以防他们偷看或偷拿；同学不能给你打电话，因为父母竟然会骂你的好朋友；吃饭的时候饭粒撒在桌子上一点就会挨打，书没放整齐也会挨打，甚至在别人看来很一般的一些小毛病都会遭到他们的打骂。

记得一次是五年级的时候，我因为作业没在他们认为该完成的时候完成，先是母亲过来骂，接着开始打，后来父亲和母亲一块打，边打边骂。我们家住在八楼，他们还把我的书包从窗口扔了出去，接着把我从门口抬着作势要扔出去。当时我只穿了一件薄衣和拖鞋，我先把书包从外面捡了回来，然后不停地敲门，直到他们开门为止。我什么也不会说，收拾好被打乱的物品，擦干脸上的血迹，揉揉青肿的腿和背上的伤，和往常一样，第二天还是正常地上课、生活。没有什么不同，因为像这种一月一次的打我已经麻木了，在我心中已经把他们两个混蛋诅咒了无数次。曾想把他们打我骂我的每一次都记录下来，但又觉得这样很可笑，其实我心里有主见就行了。我不要和他们过于纠缠，而是要想办法尽快脱离这个家庭早日工作，不再靠他们吃饭，这是我奋斗的目标。

我母亲曾经说过“我们养活你，你就要听我们的话，老子打骂儿子是天经地义的事，打坏了不负法律责任。如果你不按我们说的去做，你就会被打死，你永远无法脱离这种环境”这样的话。这是我母亲的原话。仿佛她有什么功劳一样，天天教育我这个、教育我那个。而我的观点是，父母养育儿女是法定的责任和义务，是父母应该而且必须做的。因为有良知的父母都会养育自己的儿女，这可以说是他们做父母的责任的体现。如果父母不去养育自己的儿女，那他（她）就是不道德的，是法律所不能容忍的。而所谓的有多么不容易有多大功劳什么的——那都是抬高自己的一种说辞而已，这是你的责任，并没有什么可说的，那是你必须做的而已。既然你生了我就得负起这个责任，否则你生我干吗？你完全可以选择不生，这是你们的事。打个比方：今天我作业写得很晚很辛苦，我可以要求老师给我少布置点，或是必须给我一百分吗？不可能的，这是我身为一个学生的责任。就像你生我就要养我一样，这是你的责任。你选择了什么你就得做什么，选择权在你手里，就像父母选择生我，但我却无法选择生我的人，这对我公平吗？

至于我为父母做过什么，很可惜，好像什么也没有，除了曾经让他们骄傲过的一些好成绩和奖状。

在我眼里母亲是一个胆小怕事、虚伪又自作聪明的人。一文一武，父亲很严厉，以武力为主，而母亲则是以“文”为主，讽刺挖苦，不时加一些小聪明，母亲甚至还和老师串通起来监视我。我什么都知道，所以我至今对老师都印象极差。

再说说我给父母添的麻烦，最大的一次就是中考没考好，让他们掏了几千元的择校费。但是我会还的，一切的一切我都会清算的，不要担心，不要去管我。

我现在很少回去，一直在我姑姑家住，这也是我花钱的目的，千百元换了一些自由，我认为很值。我现在不想让任何人管我、说我、指责我。我厌恶这种管教，我已经被管够了。我不会再让任何人凌驾于我之上，我是个很有想法和自控力的人，我有自己的观点和主见。千万别逼我，好吗?

至于理想，那就是早日考上大学，然后工作，挣钱还债，还“人情债”。至于想做什么?我想我应该选择文科。有些同学说想为祖国的科技建设做贡献，那就是很好的目标。而对于我来说，理想是成为一位为人师表的老师，让他们看看什么样的人才能称之为人民教师?

以上只是我的一些混蛋想法和变态思维，在学习和家庭的双重压力下我写出了上面的恶俗之语，大家千万别认真对待，因为我是个很无奈的人。

以上的这些谨献给我曾经痛苦的童年和压抑的心情。

三、自杀未遂的大学生

大学在读，男，22岁。由于恋爱问题自杀未遂两次，来我们中心做内观治疗。他自杀的原因是失恋后实在太难受了，想一死了之，难受控制了他，他生不如死。让他没想到的是，他竟然没有死掉，抢救也同样让他生不如死。他在第二次抢救成功后来做内观。

治疗七天，过程进展顺利，他通过对母亲的内观和对父亲的内观，有了很多领悟，他认为父母为他付出得太多，自杀对父母的伤害太大，非常痛心。在计算完抚养费后他更是无法接受，一开始以为自己算错了，结果计算了好几遍，最后确认自己真的花了那么多的钱，唏嘘不已。他决定作为一个男人，要担负起自己应该担负的家庭和社会责任，回归学校，完成学业，以后好好工作，孝敬父母。他对女朋友的事不再耿耿于怀，也能释怀了。

回家后他对父母的态度有明显改变，能很好地交流。

但两个月后，他又去找前女友纠缠。六个月后虽然他没有再找前女友闹事，与其彻底了断了，但是仍然对父母无休止地索取，没有生发感恩的心。

附：吉本伊信简历

吉本伊信（1916年5月25日—1988年8月1日）生于日本奈良县大和郡山市，其父母是经营肥料的商人，笃信佛教的净土真宗。他是兄妹五人中的第三位。在童年时代，他的家庭生活比较艰苦。他于8岁时读小学，即有表演才能，能当众独唱。9岁时，其4岁的妹妹患病去世，对他影响很大，继之其母虔诚佛事，他也受影响而崇佛教。小学时，他认真研究书道，书法造诣较好。在11岁时，他听英语教师演讲，深受感动，立志要做一名演说家。进入中学以后，他又爱好养狗，乃至和狗一起睡觉。17岁时，热衷于小提琴演奏。以后，其母将他寄养在净光寺，和其他僧侣一样学习经书。20岁时他决定设书道教书。

21岁时他从师驹谷谛信，接受“人信体验谈话”的演讲，开始认真钻研“人为何要活在这个世上”等一系列问题，并进行了探索，开展了对自身的内观和反省。他的第一次内观体验共进行了三天，未取得成功。以后，又分别进行了两次内观体验，也未成功。23岁时他结婚了，此时正值日本大肆侵略中国之时，他因视力障碍未被征召入伍，仍参加日常工作。不久，他第四次进行自身的内观体验，达到了领悟的境界，取得了成功。为了增补生活来源，他开始从商。24岁时，他动员母亲、嫂嫂、弟弟开展内观体验，继之又动员其公司员工开展内观体验，且以集中内观为主。1945年，他的公司遭受美军空袭，因大火而全部被毁，他的老师驹谷谛信也被炸死。

1949年时，他患肺结核，前后共咯血30次，但依然努力工作，相继开张12所分店，他则在各个分店中开展内观法。1953年为了与疾病做斗争，他专心开展内观法的研究，并退出了实业界，转让公司，同时在奈良的大和郡山市开设了内观道场。继之他到日本各地的国立结核病疗养所去普及内观法，还到奈良的少年教养所去进行内观法介绍，均取得非常好的效果。

由于他的推广，1964年，若干学校也开展起了内观法，并进行了有关内观的心理学研究。开展内观疗法的原理，主要是回顾和检讨自己历来在人际关系上的所作所为中存在的问题而予以彻底反省，以比较自身对他人的冲撞和他人对自己的慈爱这二者之间的差异和原因，进行自我洞察、自我分析，以纠正自己在人际交往中的不良态度，改善自身人格特征。

开展内观治疗的内容，应对与我有密切关系的人和事做三方面的情况回顾：（1）他人为我做的；（2）我为他人做的；（3）给他人增加的烦恼。然后按年代顺序回忆这三方面的情况，通过深刻的情绪体验，可使自己产生后悔感、内疚感、内心感谢体验和报答心理等，从而产生与他人的共鸣，增强自己的责任感，消除不良的心理状态并调整人格偏离。

吉本伊信努力发展内观法，使其逐渐成为内观疗法。他做了大量专题讲座，有专著22本，成就卓著。为此，他于1960年和1975年分别获天皇的绀绶褒章和蓝绶褒章。他去世前，留下遗嘱将遗体捐给了奈良医科大学，日本政府再追赠他勋王等瑞宝章。

后　记（一）①

1978年10月22日，邓小平副总理访问日本，这对中日两国来说都有着很深远的意义。他在日本访问的一周内，参观了日产汽车、松下电器、新日本炼铁工厂，乘坐了从东京到京都的81号新干线。抵达京都站后，邓小平接受了日本记者团的采访，被问及感想时，他深有感触地说道："太快了，这就像是谁推着我们跑一样，中国现在也需要快速跑起来。"

两个月后的十二月，中国共产党召开了第十一届中央委员会第三次全体会议（三中全会），并正式决定实行改革开放政策。于是，中国在1979年实施了《合伙企业法》，并建立了深圳、厦门、汕头、珠海4个经济特区。1984年，中国又开放了上海、大连、天津、广州、青岛等14个沿海城市的对外贸易。此后，在1988年中国对海南实行全岛开放政策后，又在1990年决定了对上海浦东的开发。至此，中日交流不仅仅在经济领域进行，在文化、学术方面也进行了积极的交流。

中日共同内观疗法研究会的成立

邓小平副总理访问日本14年之后的1992年，我与信州大学的巽信夫教授一行抵达刚被开放不久的上海浦东机场，就受到了在王祖承教授（上海精神卫生中心）和张海音医师的带领下的众学子的热烈欢迎。这次受邀正是第七届华东精神医学年会在上海精神卫生中心召开之际。借此，巽先生关于森田疗法，我关于内观疗法分别进行了特别演说。在此机缘之下，第二年（1993年）得到了上海市政府的认可，在所属上海市卫生局的上海市中日医疗护理友好交流协会下，中日共同内观疗法研究会成立了。

①作者真荣城辉明：奈良女子大学教授，大和内观研修所前所长。

同年（1993年），王教授陪同方贻儒医师参观了当时我所就职的爱知县春日井市的东春日井医院和奈良县的内观创始人吉本伊信开设的内观研修所（现已改名为大和内观研修所）。1994年，我与榛木美惠子女士、堀井茂男先生一起受邀参加中华医学会行为医学大会，并得到了关于内观疗法的演讲机会。此后，我们不仅多次受邀参加上海市精神卫生中心所召开的森田疗法与内观疗法的研究会，并且在苏州、杭州、北京、天水、兰州、天津、徐州等地的内观研究和国际学会中的演讲机会也增加了。1992年第一次访问中国之后，我访问中国的机会逐渐增多，我的中国朋友也随之增多。现在我担任了日本内观学会和日本内观医学会的国际交流主任委员一职，交流的对象有一部分是韩国人，更多的则是中国的精神科医生和临床心理师。

与作者何女士的相识

如果我没记错的话，与本书的作者何女士的第一次相见是在1997年上海精神卫生中心召开的内观研究会的会场上。那次相见之后七年，也就是2004年7月，何女士和其他的三名精神科医生一起来到日本，在大和内观研修所体验了集中内观。从那以后，精神科医生何女士立足于这次体验，在工作的医院积极引进内观疗法，积累了丰富的经验，这些通过阅读本书就能够很清楚地明白。同时，我参观过何女士第一次引进内观疗法的天水市精神卫生中心和第二次引进内观疗法的甘肃省精神卫生中心。在那里，我所感受到的是内观在基于原法的同时，又成功地以适合中国文化的方式发展着。向国内引进在国外的文化中所诞生的心理疗法时，必须考虑两国之间的文化差异。可以看出，何女士在日本体验了内观的原法之后，为了寻求适合中国文化的内观，肯定付出了很多努力。我认为这些都是有着丰富临床经验的何女士才能拥有的临床感。

心理疗法的条件

关于内观疗法作为一种心理疗法的条件，曾经担任WHO委员的中国代表、上海交通大学医学部的王祖承教授给出了以下10项必要条件：①存在创始者；②拥有继承人；③确立标准方法；④拓展变法；⑤拥有文化基础；

⑥使用专业术语；⑦有说明临床表现的理论；⑧拥有反复性；⑨能够激起患者的治疗欲望，即拥有魅力；⑩被证明有效。

王教授曾对内观这样评价：“内观疗法充分满足作为心理疗法的条件。”

本书正是印证了王教授的话，从内观疗法的起源开始陈述（当然也不忘提及内观疗法的创始人吉本伊信先生），同时涉及了内观的方法和各种各样的变法（比如家庭内观等），不仅仅介绍了各式的临床案例（如强迫症、酒精依赖症、人格障碍等），还列举了健康人群（中学生、大学生、医生等）的内观报告。因此，对普通读者和初学者来说，本书是一本通俗易懂的指导书。同时，正因为本书中收录了失败案例，因此本书对内观专家来说，拥有着更加能够令人产生浓厚兴趣的内容，我认为这是具有跨时代意义的。为什么这么说呢？如果尽是些介绍成功案例的书的话，就容易陷入自卖自夸的泥沼。而敢于刊载失败案例，才更好地展现了何女士诚实、真诚的人格魅力。

关于文化差异

无论是在哲学，还是在心理学领域，对于“自己”或者说“自我”都没有很明确的定义，存在着模棱两可的地方。那么，在心理疗法中，到底是如何来考察“自己”和“自我”的呢？诞生于欧美的心理疗法多数都是以“自我实现”为治疗目的的；而诞生于日本的内观疗法，则是以“自我消减”为目的的。也就是说，心理疗法存在不同的表现方式，前者是致力于主张、表现“自己”，后者则是着力于消减“自我”。举例来说，在日本被欺负的孩子会选择自杀；而在美国，被欺负的孩子不会自我压抑，反而会选择拿枪杀死对方。此外，曾经有个精神分析家说过：“在辜负他人期望的情况下，日本人患抑郁症的案例很多；相反，觉得别人无法理解自己时，中国人患抑郁症的案例很多。”这样的现象也许正是由“自己”和“自我”的文化差异所造成的。

结尾——内观也和平

至今为止，我与很多中国人（主要是精神科医生和心理学者）进行过交流。每次我被问及从他国视角来看本国特征的时候，我总感到茅塞顿开，耐人寻味。通过他人的视角来审视自我，是种更为正确的自我观察方法，这才是内观的精髓所在。

写这份稿件的时候，正值做成今年（2012年）11月在上海召开的内观疗法研究会的计划书之际，我收到了来自上海交通大学医学部的王祖承教授的邮件。邮件内容如下："真荣城教授来上海的时候，如果有兴趣的话，用半天的时间，同我从心理学的角度来讨论并交流关于'中国人对岛屿纠纷的认识'，您觉得怎么样？（如果有意向的话，请告知我，我们将做相应的准备）"

我觉得一定会被问及：在现在这个时期，内观将何去何从？我确实感到肩上的担子无比沉重。我一度将内观作为终身事业来经营，绝不能避而不谈。因此，我决定以"内观与和平"为话题来论述，并会带上在日本诞生，并有"生命的诗人"之称的相田光男所作的，能够准确传达内观之心的诗作。相信何女士的这本书也定能为世界和平贡献一分力量。最后，预祝本书出版的同时，请允许我介绍歌颂和平之心的诗作。

从争夺到分享

争夺将永远不足　分享将游刃有余
争夺将纷争不断　分享将永享安定
争夺充斥着憎恨　分享洋溢着欢喜
争夺将带来不满　分享则充满感谢
争夺将挑起战争　分享会迎来和平
争夺如坠入地狱　分享如登上极乐

（奈良女子大学博士　卢立群译）

后　记（二）①

内观疗法源于日本的心理疗法，它是在1940年的时候，普通市民在生活中追求幸福的行动中演变形成的心理治疗方法。其源头在大约1500年前，以从中国洛阳传入日本的中国佛教为由来，一直到近几年，内观研修所的内观室的屏风上还挂着由洛阳传过来的名为“二河白道”的画。

在日常生活当中，我们会感到很多压力。这种压力，有时会阻碍我们的意欲，导致我们无法产生本来可以产生的建设性的想法。这种顽固的压力有时还会让我们患上神经质，感到自己的生活状态很不安定，甚至会导致身心的憔悴，进而影响到我们的家人、工作单位，给周围的人也或多或少带去一些负面影响。内观创始人吉本伊信，以改善人际关系和追求幸福为目标，积极从事研究并创立了“爱的心理疗法”，将其普及、发展，使很多的人从压力当中解脱了出来，最终形成了良性循环的生活。

20世纪40年代的日本，结核病的死亡率非常高，犯罪的现象也很让人伤脑筋，高速发展的经济给社会带来了很多压力。就在这个时候，吉本伊信积极地在结核病治疗、矫正教育、学校教育、员工培训等方面导入了内观疗法，这为当时的很多人重新回归社会作出了重要的贡献。由一个普通市民所创立的内观疗法，因其效果之好，也在医学界和教育界得到了广泛的推进与研究。1978年，日本内观学会成立。1998年，日本内观医学会成立。全面而又专业的医学研究就此开始了。

暂且抛开烦琐的社会与家庭，静坐下来，试着回想一下我和周围的环境，以及到目前为止我所构建的人际关系。自从1966年开始接触内观之后，我先针对内观疗法的前身进行了一次详查，写了一本名为“儿童的内观治

①作者榛木美惠子：大阪内观研修所所长。

疗法”（1972年9月出版）的书。当时我想这种绝好的方法应该也适用于有文化差异的别国，同时它也应该适用于任何年龄段的人群，抱着这种想法，我访问了欧洲和美国，在经历了实地考察之后，我确信了我的观点。我最开始将内观疗法引入中国的时间，是在1994年湖南省张家界市举办的第三届中国行为医学大会上，发表吉本伊信简介的时候。那个时候，中国人对日本的心理疗法的关心程度着实让我吃了一惊。

从那以后，我每年都要到中国进行内观疗法的指导，在这个过程当中，我发现何蕊芳女士非常热衷于内观疗法的研究。在中国对内观疗法有深入研究的何蕊芳女士于2004年来到日本，在日本学习了正规的内观研修课程，之后何蕊芳女士给我寄了一些关于中国的世界自然遗产，就是那个深而透明又美丽的湖泊——九寨沟的照片。吉本伊信认为内观是一面能够照出人内心的镜子，而九寨沟湖水的清澈更是无与伦比。将内观导入中国的第一人是上海市精神卫生中心的王祖承教授，他写的歌曲《内观之歌》，由日本的榛木久实作曲，中日共同合作制作的CD的封面上，我将能够映射出对着湖面看的人的心和象征美丽善良的心灵的湖的照片设计了进去。在那之后的2003年，我受何蕊芳女士的邀请参加了甘肃省天水市精神病院50周年纪念仪式的典礼，何蕊芳女士给我赠送了一幅名为“还原生命色彩 再现美好心灵”的书法，其内容涵盖了内观的精髓——生命的价值以及回归之心的美。我对这幅字感触颇深，回到大阪的内观研究所，就将这幅字与吉本伊信写的一幅《内观法》的字一同悬挂在了内观室里。在那之后，2007年在甘肃省举办的第一届中国内观疗法学术交流会，又使中国内观学的研究与普及得到了根深蒂固的发展。我在中国最亲密的朋友何蕊芳女士将我邀请到甘肃省，也是具有深远意义的。我对对内观疗法进行热心研究、从事其普及的工作，并且热情邀请我到中国的何蕊芳女士表示深深的敬意。与此同时，我对永远不变的友情、中日两国对内观疗法更进一步的研究，以及这部著作的出版，都充满了感激与祝福。此外，我还祝愿内观疗法能够对净化人类的心灵起到更进一步的作用。

日本内观研究的第一人——著写了《禅的疗法内观法》的京都大学佐藤幸治教授，和著写了《内观法》的石田六郎医师已经在1971年离世，著写了《内观法是什么》的法务省矫正管区的武田良二氏也已离世。内观疗法的创始者吉本伊信先生也于1988年8月永远地离开了我们。随着这么多日本内观者和内观研究者的离去，让人觉得很孤独的同时，以上海交通大学王祖承教授为首，中国的年青一代内观研究新生力量诞生了，我会和我的挚友何蕊芳女士一同支持他们。对内观的研究和对其普及的期待带给了我无限的喜悦，衷心地感谢内观疗法为我们搭起了日中友好交流的桥梁。

（吕筱燕译）